5年後、望む仕事で稼ぎ続ける自分になる戦略

40歳からの「仕事の壁」を越える勝間式思考

勝間和代

日経BP

はじめに

〝常識〟にとらわれず幸せを求めて働くべき理由

我慢している人がとにかく多い、いや、多すぎる！

これは、私が常々感じていることです。私は2011年4月から「勝間塾」という私塾を運営しています。運営方針は「なりたい自分になるために、仲間と支え合いながら学んで成長できる場」にすべく、目標達成のためのノウハウを伝授しながらサポートするというものです。30〜40代の方が多く、スキルアップや転職を目指す会社員や公務員、個人事業主から会社の経営者になった人、得意の料理でケータリングサービスを始めた主婦などさまざまです。が、男女を問わず、皆さんに共通しているのは、入塾する前まで、人生を変えたいと思いながらじっと我慢してきた、ということです。

今、これを読んでくださっている皆さんも、きっといろんなことを我慢していると思います。ラッシュ時の満員電車をはじめ、仕事量と給料が見合わないこと、有休の取りにくさや望まない異動、サイコパス気味な上司、パートナーの無理解、ワンオペの育児や介護など。しかも、それらは我慢するのが当たり前だと思っている人が多いですよね。だって、私たちは小さい頃から、何かにつけて「我慢しなさい」と言われ続けているから。そう思うのは仕方がないのです。

いろいろなことを我慢していると、自分の希望よりも周囲の意見や指示を優先し、社会の風潮に従うようになるので、言動がとても常識的になります。それを評価されると、我慢してきた甲斐があった、と「大人の自分」に納得感を得られます。そして、我慢した先に成功があると信じてさらなる我慢をした結果、継続力や向上心を養えるのは確かなことです。しかしその半面で、やりたいことを封印して、夢や理想について考えないようにしているはずです。それは、思考停止にほかなりません。そう、我慢をしすぎる一番の問題は思考停止に陥ることにあって、やりたいことを実現する思考力や行動力を発揮できなくなってしまうのです。

では、我慢しすぎることも常識にとらわれることもなく、思考力や行動力を取り戻すにはどうしたらいいのでしょうか。その答えは意外と簡単でして、自分が何を大事にして生きていきたいか、ということを意識して、それを優先して生活するだけでＯＫです。

私たちは働くことを通じて世の中に貢献し、その報酬として収入を得て、自分の生活を豊かにするために使う、という循環の中で生きています。これが本来の働く意義ですが、実際はどうでしょうか。タスクやノルマに追われるだけの生活になっていませんか？　ちゃんと、自分の心身を満たして、幸せを感じることができていますか？

一口に「報酬」と言っても、給料やボーナスを得る金銭的報酬や、やりがいや生きがいを得る精神的報酬、スキルや経験が増える技術的報酬、人の役に立つことが喜びになる貢献的報酬、評価と次の機会を得られる信頼的報酬など、さまざまな種類の報酬があります。報酬は1つだけではなく、何個も求めていいのですが、「自分が何を大事にして生きていきたいか」ということが報酬と一致していないと、幸せは得られません。例えば、仕事に金銭的報酬と精神的報酬の両方を求めているのに、片方だけだと不満とストレスがたまりますよね。逆に、金銭的報酬だけを求めているなら、やりがいを感じられなくても、また職場の人間関係が悪くてもスパッと割り切ることができます。

今、あなたが得ている報酬は何で、本当に求めている報酬は何でしょうか？

「40歳の壁」の裏には「選別」がある

昨今「40歳の壁」というのが話題になっていますが、40代になって自分の生き方や働き方に疑問を抱いている人も、実際に得ている報酬と本当に求めている報酬が一致していない可能性が高いでしょう。そのせいで迷いが生じてしまっている状態だと思います。

そもそも、40代になると壁を感じやすいのは、働き方や生き方において「選別」が始まるからです。会社で出世できる・できない。役員になれる・なれない。独立や起業ができる・できない。

結婚や離婚ができる・できない。マイホームを買える・買えない、など。20代や30代は、特別なことをしなくても、周囲と大差なく過ごしてこられたのに、40代になると急に分岐が始まって、差が明らかになるわけです。ミッドライフクライシス（中年の危機）のような現象は昔からあったことなのですが、社会の急激な変化や生き残り競争の激化から、それが早まっているように感じます。

もっとも、自分の働き方や生き方に対して疑問を抱いたり、もんもんと悩んだりすることは全く悪いことではありません。それだけ、真剣に向き合っている証拠です。働き方も生き方も多様になったことで、自分にはどれが合うかを自分で選ぶ必要が出てきただけだと考えるといいでしょう。今の40代、50代が社会人になった頃は終身雇用制度が大前提で、就職したら定年まで1つの会社にいるのが〝普通〟でした。会社の先輩の後についていけば、壁もラクに乗り越えられて、自動的に人生が進みました。が、もはや終身雇用制度は神話となり、転職や独立が一般的になって、後をついていきたい先輩の存在もない。つまり、自分の働き方は自分で開拓していく時代になったということです。

この開拓を、新たなチャレンジの機会として前向きに捉えることができるか。それとも危ない橋は渡れないと背を向けて、我慢し続けるか。それが、40歳の壁を乗り越えられる人と、そうでない人の大きな違いだと思います。

正しいリスクテイクが自分の未来を拡大する

もし、自分で開拓したいと思っているのに勇気が出ない人は、「失敗も学習」である、と考えてみてください。恐れるべきは失敗することではなく、失敗を避けることで学習の機会を逃してしまうことです。学習の機会損失を続ける限り、残念ながら、なりたい自分にはなれません。

失敗をリスクと考えると、二の足を踏む気持ちはよく分かります。しかし、リスクとリターンは表裏一体で、リスクを負わずにリターンを得ることは不可能です。だから、いきなり大きな挑戦をするのではなく、小さな挑戦からトライして、リスクを取ることに慣れていきましょう。例えば、一人旅をしてみる、苦手な人からの誘いは断る、新機能が備わった家電やデジタル機器を買う、など。そういったことで小さな成功体験を積んで「リスク耐性」をつけてから、資格取得や転職活動、独立準備に進むイメージです。リスクテイクは、さまざまな経験や失敗をする中でさじ加減を学んでいくものです。段階的に習慣化することが、リスクテイクの上達のコツです。

大丈夫、開拓する力は誰にでも備わっています。そう思えないのは、再三繰り返している通り、我慢をしすぎてきたせいです。知らず知らずのうちに、自分を小さな枠にはめてしまっているだけ。まずは自分に、枠から出ていいんだよ、と許可を出してあげてください。

本書では、私が主宰する勝間塾で皆さんにお伝えしている「5年後、なりたい自分になる」ための行動指針を第1章で紹介した後に、第2章からは皆さんが直面していそうな働き方や生き方の具体的な悩みをロジカルに解決しています。読み進めるうちに、悩んでいるのは自分だけではない、こういうふうに考えればいいのか、と心の風通しがよくなると思います。

また、それぞれの悩みに効く書籍も挙げておきました。どれも私が実際に読んで、行動変容につながった名著ばかりです。それらが、皆さんの開拓する力につながるように祈っています。

勝間和代

CONTENTS

CONTENTS

第5章 老後のお金・カラダの悩みには

CONTENTS

第1章

5年後、望む仕事で稼ぐ力をつけるには

5年後、自分が本当に望む仕事に就いて、
満足できるような報酬を得る——。
そんな働き方、生き方へと転換するために、
何を心掛けてどう一歩を踏み出せばいいのでしょうか。
注意すべき身近な「ドリームキラー」とは?

ゴールは「5年後、なりたい自分になる」

目の前にある仕事や人生の壁が越えられない。真面目に努力してきたのに停滞感を感じる。そんな方に、私がこれまで勝間塾で行ってきたことが役に立つのではないでしょうか。

私が勝間塾を始めたのは2011年4月で、現在塾生は約5000人いて、30～40代が中心ですが、下は大学生から上は70代までいます。どんなところか、端的に言うと、「なりたい自分になるために、仲間と支え合いながら学んで成長できる場」です。塾生には毎月課題を出し、それに挑むことによって時代の変化の波に乗る力をつけながら、仕事のスキルアップや資格取得、起業、自著の出版など目標の実現に近づけてもらいます。私にとっても、たくさんの塾生と一緒に学び続ける場です。

塾生の男女比は半々で、塾生同士が交流する専用のコミュニティーサイトもあります。塾生たちは自分の強みを生かして自由にイベントを立ち上げ、そこに参加するのもまた自由です。自分で立ち上げるイベントは、いわば〝お試しの場〟。塾生から参加費を取らないかわりに、やりたいことのテストマーケティングができるわけです。1つずつステップを踏みながら、先に実現した人の例を学び、互いにサポートし合うから、起業や資格取得といった目標を着実に実現できるのです。

勝間塾に参加する方の唯一のルールは〝ドリームキラー〟にならないこと。ドリームキラーとは、「ネガティブな言葉で、その人の夢や目標を壊す人」を指します。お互いに仲間の夢を応援し、共に高め合える存在でいること。自分の意見を吐き出しても否定的なコメントを投げかけてくる人はいません。ドリームキラーのいない場所で、自分の夢や目標を実現する方法を探していくというわけです。

勝間塾に参加することで、どんどん変わっていく人をたくさん見てきました。なぜ誰もが変化できるのか、改めてそのポイントを振り返ってこの章ではお伝えします。本を読んでくださる皆さんのヒントにしていただければと思います。

夢を実現するには中長期的視点を持つことが必要

勝間塾では、自分の強みと弱みを知り、なりたい自分になるために具体的な目標として、次の3つのゴールを掲げています。どれにするか、またいくつ目指すかは塾生の自由です。

❶ 5年後に、自分の望む仕事について、しかも年収がアップしている
❷ 5年後に、著者になる、あるいは起業できている
❸ 5年後に、自分が一生付き合える仲間に囲まれている

どのゴールにも「5年後」が入っていますが、その理由は、物事を達成するには中長期的視点が必要だと考えるからです。

10年後だと先すぎて想像できない。移り変わる時代の影響を受けやすく、達成しようとする気持ちが萎えがちです。1年後や3年後だと短すぎて、かなえられそうなことしか目指そうとしません。また、短期で目標を達成しようとすると、劇的に変化することになって息切れし、リバウンドする恐れが高くなります。その点、5年後ならば、転職や起業、年収アップといった具体的な目標を形にする期間として、あんばいがいいのです。自分が何をしたいのか、どこに向かいた

いのか、そのためのノウハウは何が必要かを考えていきます。

5年後のゴールを考えると、それを達成するための資格取得や勉強、SNS活用の拡大、新たな人脈づくりなど、具体的なステップが作りやすくなります。ゴールに向けての行動を継続するコツは「0・2%の改善」を重ねることです。

「0・2%の改善」を重ねて得られる複利の効果

「0・2%の改善」とはずっと前から私が言っていることですが、小さな積み重ねが大事で、毎日わずか0・2%の改善ができれば、効果は複利で増えていくということです。これは資産運用だけの話ではなくて、すべての行動や思考の変容も複利でよくなると考えています。例えば私は、駅ではエスカレーターやエレベーターを使わないで階段を上ります。これを日々続けることは健康面で0・2%の改善を重ねていると言えるでしょう。

物事を達成して、その状態を維持するには、無理なくできる改善を積み重ねて、ちょっとずつ変わることが理想的です。目指すゴールに対して、ちょっとでもプラスになった、と思えることができたらOKです。できなかったことではなく、できていることに目を向けると、0・2%程度の小さな改善に気付くことができます。

1日0・2%の改善を1年続けたら、改善の成果はどのくらいになると思いますか。スタートの値が100だとします。初日に0・2%改善できたら100×1・002＝100・2になり、翌日は100・2の0・2%増しになるので、100・2×1・002＝100・4004に。わずかな変化のようですが、乗数で増えていくので、続ければ続けるほど改善する量が大きくなります。

0・2%の改善を1年365日続けたとしたら、スタート値の100に対して1・002の365乗ですから、およそ207になって、改善による成果はスタート時の2倍になるというわけです。5年続けたら、およそ3833で、スタート時の38倍に。日々の改善を積み重ねることで、5年後には現状の38倍までよくなることができるとしたら、なりたい自分になっているイメージが持てますよね。

塾生の話を聞いていると、多くの塾生がゴールを1つ以上かなえている印象を受けます。3つすべてかなえている人も少なくありません。目標を1つ以上達成しても勝間塾にとどまる人、一度辞めてまた戻る人がいます。それは勝間塾が自己実現のペースメーカーとして機能しているのだと思います。互いに刺激し合って成長し、行動変容につなげているからです。

自分と同じような年齢、能力、近しい立場や考え方の人がよりよく変わっていっている姿を見たときに、行動変容は起きやすくなります。カギは、「自分にもできるかもしれない」という感覚を持つことです。勝間塾に限らず、自分と同じように夢を実現している身近な存在を仲間に持つことで「なりたい自分になれる」という感覚を維持しやすくなるのは間違いありません。

このようなコミュニティーを「意識高い系」だと捉える人もいるかもしれませんが、私は決して意識高く「自分を変えろ」と言っているわけではありません。自分の強さも弱さも知った上で、自分の良いところを伸ばしていく。自分のなりたい未来に向かっていく。そのために行動を変えることが5年後のゴールに向かう道なのです。

考え方を変えれば実現できる——3つのコアメッセージ

では5年後のゴールを目指すとき、具体的にはどんなアクションを起こしていけばいいのでしょうか。私が塾生に繰り返し伝え続けているメッセージは3つあります。それは、❶**我慢も努力もしすぎない**、❷**「やらなくてもいいこと」を見つけて、スラック（余裕）を増やす**、❸**夢や願望実現を阻むドリームキラーの話には耳を傾けない**、です。それぞれについて、詳しく説明していきます。

❶ 我慢も努力もしすぎない

この本の「はじめに」では、我慢をしすぎて我慢するのが当たり前になっていると、やりたいことも我慢するようになって、自分の可能性に蓋をしかねない、という話をしましたが、頑張りすぎることについても同様のことが言えます。

「努力で全て解決できる」という努力至上主義は、頑張ればどんな問題も解決できるんだ、といった間違った問題解決法を植え付けて、成果よりも努力の量が大事と履き違える原因となります。これは私の嫌いな公正世界仮説の1つで、私は以前から、頑張りすぎることの危険性を指摘してきました。

特に、頑張り続ける、死ぬ気でやる、寝ずにやるなどの根性論的な発想は危険です。問題解決の糸口が見えないから、根性論に逃げているだけとも言えます。休みも取らず、睡眠時間を削り続けたら、パフォーマンスは上がらないし、蓄積疲労でミスをしやすくなり、いい結果が出る確率は下がります。もしあなたが、こんなに頑張っているのにどうして報われないのだろう、と嘆くような状況にあるなら、まずは頑張ることをやめてください。残酷なようですが、頑張りすぎが報われない一因です。

努力するのは大事なことです。しかし、むやみやたらにするものではなく、本当に必要な本質部分にのみ集中して行うべきです。もし不必要なことに努力を重ねていたら、いつまでたっても結果が出ず、どんどん心が疲弊して、自分らしさもなくしかねません。努力のベクトルが正しいか、まずそこを考えてみてください。

また、我慢や努力をしすぎる人は、我慢や努力をすることに価値を見出すため、手際よくやっている人を見ると、ズルいとか汚いと捉える傾向があります。本当に尊いのは我慢や努力の量を増やすことではなく、成果を得ることです。もし得られる成果が同じだったら、我慢も努力もしないほうがいいに決まっています。我慢や努力をするとき、これは目標や課題を達成するために本当に必要な我慢か、本当に効果的な努力かをまず考えてください。

❷「やらなくてもいいこと」を見つけて、スラック（余裕）を増やす

自分自身にある程度スラック（余裕）を持つことの必要性についてはYouTubeなどでも常に発信しています。私が専門とする経済学は、限られたお金と限られた時間、限られた資源の中で、どうやったら主観的な満足や欲望の充足をより多く得られるか、ということを研究する学問です。何をもって充足とするのかは人それぞれ異なりますが、共通して言えるのは、時間やお金、体力などにある程度の余裕がなければ満ち足りにくい、ということです。

人はある程度の余裕があると、新しいことに挑戦しようと考えやすくなります。ふいに舞い込むチャンスも、ダメもとでやってみようかと思えますが、余裕がないと挑戦やチャンスに対して

前向きになれません。失敗のリスクを取る余裕がないからです。そうなると、どうしても安全策しか取ることができなくなって、だんだんと人生全体のリターンが減っていくのです。

余裕を増やすためには、やるべきことの優先順位を付けることが基本です。というと、1番目にやるべきこと、2番目にやるべきこと、3番目にやるべきこと、というように「やるべきこと」の順番を考えがちですが、そうではありません。今の自分が「やらなくてもいいこと」「やらなくても困らないこと」を排除することが、優先順位付けなのです。

その際に重要なのは、「これは本当に私でないとダメなのか?」という視点です。自分でなくてもいいことを依頼されたら、きちんと断りましょう。その繰り返しによって、周囲に自分の意思表明が伝わって、望まない依頼が減り、余裕を手にできます。

私がマッキンゼーに勤めていたときには、「やることを効率化するのではなくて、やることを減らすことが一番の効率化」だと、たたき込まれました。確かにそうしないと、やることは次々に増える一方で前に進みません。優秀な経営者や成功者と言われる人たちも、口々に「やることを決めるより、やらないことを決めろ」と言います。

私が塾生にドルコスト平均法を使った運用を勧めるのも、お金に余裕を持つためです。詳しくは5章で説明していますが、毎月収入の2割を投資に回して時間をかけて運用していけば複利効果で資産を増やすことができます。お金に余裕を持つと、今の仕事に縛られず社会人大学院に行く、海外留学するといった選択肢も考えられるのです。

❸夢や願望実現を阻むドリームキラーの話には耳を傾けない

誰にでも、夢や願望の話をして否定されたり、「失敗したらどうするの？」「本当にできるの？」と止められたりした経験があると思います。

「あなたのためを思って」と言って苦言を呈する人もいますよね。私たちは間違いや失敗をする生き物なので、事前に経験者から注意されることはもちろんあります。ただ、こういうことをしたい、こうなりたい、という夢や願望の話をしているときに「あなたのためを思って」と言って止めにかかる人は、要注意です。実はあなたのことなど思ってなく、間違いや失敗に対する恐怖感を植え付けて、自分の言うとおりに支配しようとしているからです。

そういう人を「ドリームキラー」と言います。文字通り、人の夢や願望を壊して可能性を潰す人たちで、意外と家族や友達、パートナー、上司など、身近な人間関係に潜んでいます。一見親切な人のようですが、こちらがアドバイスを求めているわけでもないのに「あなたのためを思って」と言われたら、その時点で警戒してください。そして話は右から左に聞き流して、すぐに忘れることをお勧めします。

勝間塾のルールは人の夢や願望を否定しないこと。自分の目標を語ると、それを応援する人、アドバイスやフィードバックをする人がたくさんいるので励みになります。自分も夢を実現したいから、人の夢も素直に応援する。そういう人は自分の経験から役に立つアドバイスをすることができます。いわば「ドリームサポーター」でしょうか。例えばKindleダイレクト・パブリッシング（KDP）で自著を出版した方が6章に登場しますが、周りにサポートする人、実現した人がいれば思ったより簡単にできてしまうのです。目標に向かうとき、ドリームサポーターが周りに多くいれば、なりたい自分になろうとする気持ちが自然に膨らんでいきます。ドリームキラーを遠ざけて、身近にドリームサポーターをどれだけ持てるか。それは目標の実現を左右する大切なことです。

「時間割引率」を意識した行動が人生最大の利益を生む

私の信条の1つで、これさえできればだいたい幸せに生きられる、と思っているのが「時間割引率」を意識した行動です。なりたい自分になる上で非常に重要な概念だと思います。これは、今と同じように未来のことを考えられるか、あるいは今以上に未来のことを大事にできるかということです。

時間割引率とは経済学や行動経済学で使われる用語で、手に入る利益が先になればなるほど、価値を割り引いて小さく評価する心理作用を指します。例えば、今10万円をもらうのと、1年後に10万5000円をもらうのと、どっちがいいですか？と聞かれたとき、多くの人が「今の10万円」を選ぶ傾向にあります。1年後の10万5000円のほうが5％上乗せされて得するのに、1年という時間を考えると上乗せされる魅力がなくなり、10万円と10万5000円が同等の価値に感じられてしまうわけです。

「今の10万円」を選ぶことは時間割引率が高い行動です。すぐ手に入る利益だけを見て、1年後の＋5％の利益を見ないため、将来の利益につながりません。

だから未来を考えて、毎月決まった額を投資信託などで運用することは、時間割引率を下げる行動です。これはギリギリまで節約して貯金や投資をしろということではありません。時間割引率を考えて一定額を投資しながら今を充実させること、それが大事です。

今の会社に限界を感じたら転職を先延ばしにしない

これは、お金に限った話ではありません。あらゆることで時間割引率を意識すると、将来手にするリターンが増えます。例えば健康面で、喫煙や飲酒をしない、駅ではエスカレーターやエレベーターを使わないで階段を上ることは、未来を考えた時間割引率の低い行動です。逆に、今の多幸感だけを優先して喫煙や飲酒をすることは、未来を考えない時間割引率が高い行動というわけです。私たちは加齢に伴い、さまざまな身体機能が衰えていきます。生活習慣病や脳疾患にかかる確率も上がります。時間割引率を考えた選択を続けることで、こうした健康上のリスクを抑えることができるのです。

仕事面では、今いる会社や業界に将来性を感じられなくなったら、早期に転職先を探して脱出することが時間割引率の低い行動です。今は居心地がいいからといってギリギリまで居座って、どうにも立ち行かなくなってから転職先を探す、というのは時間割引率が高い。それまでに築いたキャリアや地位にしがみつきたくなる気持ちは分かりますが、目先の利益だけを考えて、未来に向けて行動しないと、しっぺ返しが5年後、10年後に必ずやってきます。

今は良くても将来に悪い影響があることを日常から排除し、今が良くて、未来にも良いことを増やしていくことが、時間割引率を下げて幸福度を高めるコツだといえます。

人間関係も、無理して付き合うような時間割引率が高い関係は見直すことが賢明です。誘いを断るのは勇気がいるかもしれませんが、そんなときは、この選択は幸せに対する投資で、いずれ大きなリターンとして返ってくるんだ、と考えましょう。それは楽しい想像に違いないので、時間割引率を下げる行為が習慣として定着しやすくなるはずです。

ちなみに、私はお酒を飲まなくなって久しいですが、私の周りにもお酒をやめたという人がたくさんいます。お酒を飲まなくなるとさまざまな健康効果を得られるほか、酒代が浮いてお金がたまることも大きなメリットです。思考をクリアな状態で維持できるので、読書や勉強、情報収集に時間をしっかり使えます。その結果、自己実現力が上がることは言うまでもありません。だから、無理してやめるというより、進んでやめたくなるのだと思います。

私が勝間塾を始めたわけ「与える順番」が来た

そもそも私が勝間塾というコミュニティーをつくりたいと思った理由は2つあります。

まず1つ目は、学びたいと思う者同士がつながれるプラットフォームがあると、面白いことが起きそう！と思ったからです。私は学生時代から、つまりインターネットが登場する前に、一部のパソコンマニアが利用する「パソコン通信」のネット掲示板などを通じて、面白そうな人を見つけてはすぐにつながって情報交換をしてきました。現在のＳＮＳの先駆けですね。

勝間塾の前には、「ムギ畑」というワーキングマザーとその予備軍のための、無料の会員制掲示板を運営していたことがありました。当時、28歳の私は2人の子どもを育てるワーキングマザーで、身近に仕事と子育てを両立する苦労を共有できる人や、悩みを相談できる人がいなかったため、自分と同じワーキングマザーと出会いたい、ワーキングマザーの先輩たちからアドバイスをもらいたい、と願って開設したのです。たまたま時間の余裕があった育休中に、掲示板サイトを作ってみたら、予想以上に反響がありました。運営をサポートしてくれるメンバーも20人ほど手を挙げてくれ、開設の翌年からはグループ運営になりました。

ムギ畑をやっていなかったら、私は仕事と子育てをしながら早稲田大学大学院のファイナンス研究科に通って、MBAを取得することはなかったでしょう。というのも、ムギ畑の会員の中には、子育てをしながら大学院に通った人が結構いたんです。仕事と子育てを両立するだけでも大変なのに、みんなすごすぎる！と思いました。極めつきは、子ども4人を連れてアメリカの大学院に留学した方です。私より2歳か3歳年上で、夫が急逝し、その死亡保険金を使って4人の子を連れて留学したのです。その話を聞いたとき、私は3人目を産んで、その子育てと仕事の両立にヒーヒー言っていましたから、自分の生ぬるさを突きつけられた気がして、4人の子連れ海外留学に比べたら、日本にいる私が大学院に通えないはずがない、と思うように。それまで大学院に行くことなど、かけらも思ったことがないのに、です。自分と年齢や境遇、能力が近いと感じる人たちの行動は、それほどいい刺激になるということです。勝間塾をつくろうと思ったときも、そういういい刺激を与え合う場になれば、と考えました。

他人の経験に触れて疑似体験することで学ぶ

勝間塾を始めようと思った2つ目の理由は、これまでの自分の経験を通じて、人の目標達成をお手伝いする「与える順番」が回ってきたと思うようになったことです。

私には11歳、10歳、8歳と歳の離れた姉と兄がいて、小さい頃から分からないことがあると、なんでも彼らに聞いて育ちました。大学在学中の19歳の時に公認会計士試験に合格できたのも、11歳上の姉のおかげです。より正確に言うと、11歳上の姉の知人で、公認会計士試験に一度で受かった方に勉強の仕方を教わったおかげです。

公認会計士を目指すとき、多くの人が専門学校に入りますが、1クラス40～50人いて、そのクラスの中から年間1人2人しか合格者が出ない。ということは、学校で教えられた通りにやっていてもまず受からないだろう、と考えたのです。一から勉強を始める人同士で、そんなに能力に差はないはずですから、学校のやり方に問題があるのではないか、と。それなら、受かった人にノウハウを聞いたほうが確実だと思い、姉に紹介してもらった合格経験者に話を聞きに行ったわけです。専門学校では7科目ぐらいを同時に進めますが、当時その方には、「とにかく簿記だけやってください」と言われ、その通りにしたら、のちのちの勉強がすごく楽に進められました。おかげで一度の受験で合格できたのです。

また、20代半ばの時、トレーダー時代の上司に言われた「愚者は経験に学び、賢者は歴史に学ぶ」という言葉も記憶に刻まれています。これは、ドイツの初代宰相のビスマルクの言葉で、「愚者は自分の経験からしか学べないと考えていて、その結果失敗して初めて己の間違いを知る。賢者はあらかじめ間違いを避けるために、歴史に刻まれた人たちの経験から学ぶことを好む」と解釈されています。上司は、私が相場を読み間違えて大きな損失を出してしまったときに、頭ごなしに怒るのではなく、どう行動すればよかったのかを丁寧に諭した上で、この言葉を教えてくれました。

「いかに歴史から学ぶか」、すなわち、自分の経験や勘だけに頼るような傲慢なことをせず、本やセミナーなどを通じて、他人の経験に触れて疑似体験することが大事だと肝に銘じました。それが、後に外資系企業を中心に転職を重ねて報酬を増やしていけた一因になっています。

人の目標達成をお手伝いする「与える順番」が回ってきた

子育てとの両立に苦労しながらも、やりたい仕事ができて、それで評価される充実感を得るようになったとき、人から相談される機会や指導する機会も増えました。自分がこれまでに得た経験を生かし、人の目標達成をお手伝いする「与える順番」が回ってきたように思ったのです。この「与える順番」を意識して、勝間塾を立ち上げた背景に、私の母校である慶応義塾を創立した福沢諭吉の存在があります。

あるとき友達と話していたら、日本の歴史上の人物で後世に一番影響を残した人に、福沢諭吉を挙げた人がいたのです。福沢諭吉は外交政策や国際交流に関わり、啓蒙思想家として活躍したことで知られていますが、なかでも『学問のススメ』を書き、教育者として優れた人物を数多く輩出したことこそ後世への影響が大きいのだ、と。

人を育てたことが最も大きな功績だという説は的を射ていると思いました。いつか私も、自分の仕事をしながら、社会人教育のような活動ができたらいいな、と想像が膨らみました。一番の理想は学校をつくることですが、さすがにそこまでの経済力も人脈も、知恵もないので「勝間塾」という学び合う場にしたというわけです。

働くのは1日3時間　私が実現したライフスタイル

5、6年前から、私は1日の労働時間を3時間程度にしています。仕事内容は以前と変わらず、主に書籍やコラムの執筆、勝間塾の運営や講演、ＹｏｕＴｕｂｅなどで発信する活動です。成果報酬型の仕事のみ引き受けていて、1時間でいくらという仕事はなるべく受けないのが労働時間短縮の最大のコツです。取材や講演などもオンラインを活用すれば、移動時間を節約できます。同じタイミングで、拘束時間がやたらと長いテレビ出演もやめました。たいていのテレビ出演は「私がやらなくてもいい仕事」だからです。テレビ出演をやめたことで自由な時間が増えただけではなく、自分に対するアンチコメントを見聞きする機会がなくなって、精神的なストレスからも解放されました。

なぜ3時間労働にしているかというと、理由は単純で、それ以上働いても疲れるだけで大して成果が上がらないからです。時間ばかり取られて、食事が疎かになったり、座りっぱなしになって不健康になったり、読書や人に会う時間が少なくなるのも嫌な点です。

時間に余裕があるから新しいことにも自由に挑戦できます。その1つとして、旅行をしながらときどき仕事をする、というワーケーションを取り入れることも増えました。最近はドライブ旅行にハマっていて、そのために車内に就寝用のマットを敷いたり、コンパクトな調理家電をそろえて自炊したり、車を最適化するのも楽しみになっています。

旅行をすると、非日常感を味わえますよね。そうやって、日常を揺らすことって必要だと思うんです。日々同じことを繰り返していると、だんだん頭を使わなくなって退化してしまう気がするからです。だから、あえていつもと違うことをする。ポイントは、「ちょっと違う」という点。すごく違うチャレンジをしようとすると、ストレスがかかりすぎて楽しみになりません。ちょっと違うことを楽しく続ける。その結果、確実に成長できると思います。

長時間労働で生産性を上げる時代は終わっている

「労働時間の短縮なんて、勝間さんだからできることですよ」と言われそうですが、果たして本当にそうでしょうか。コンピューターをはじめとするテクノロジーの進化によって、労働生産性はものすごく上げられるようになっています。長時間労働をして生産性を上げる時代はすでに終わっている、という見方もできます。

さらに、新型コロナウイルス禍を経てリモートワークが浸透したことで、労働時間ではなく成果物で人事評価される傾向が強まっています。労働時間というのは、私たちが何かの成果を上げるときの「投入量」であって、成果物ではないので、変わって当然と言えば当然です。

また、オフィスを縮小して、自席がないフリーアドレスに変わった企業もあり、重要なアポがある日だけ出勤するようにしている、という人も増えました。基本はオフィスでの勤務に戻った企業の場合も、会議や打ち合わせを出先からのリモート参加にすれば、移動時間の1、2時間を節約できます。リモートだと、会議や打ち合わせそのものが長引きにくいのもメリットです。つまり、労働時間の短縮はそんなに難しいことではないはずなのです。それでも、どうしても短縮できないという人は、無意識のうちに8時間労働が基本という〝常識〟に捉われて、我慢しているのかもしれません。

働き方以外にも、生き方や人間関係、夫婦の問題、親の介護、老後資金のつくり方、健康法にも、私たちには常識だと思い込まされていることがたくさんあります。次の章からは、それらの問題について、40代、50代の人から寄せられた相談に対して私がアドバイスするという形式で、ロジカルに解いていきます。現在の仕事に壁を感じている人や、定年後の生き方について不安を抱えている人なども、読み進めるに従って思考の殻を破れるようになると思います。

第2章

組織の中で働き続ける悩みには

組織の中で働いていると
「これが当たり前」というルールに支配されて、
我慢しながら働くことを受け入れがちです。
増えるばかりの仕事量、困った上司、不本意な異動……、
相談者からの悩みを編集が勝間さんにぶつけてみました。

悩み
1

働き方改革によって、管理職の負担が増えてつらい

同じ悩みを持つ管理職を3人以上集めて効率化の提案をする

保険会社で管理職をしています。働き方改革によって、部下に残業させられなくなった分、そのしわ寄せで私のような中間管理職の負担が増えています。私の所属する部署以外でも、仕事に追われて残業する管理職の姿をよく見かけます。こういう状況を見て、次の世代が管理職を目指そうとは思えないだろうと感じます。今のような職場の状況や仕事のやり方を変えるには、何から考えたらいいでしょうか。ヒントがほしいです。

保険業・Nさん（48歳）

「それでなんとか回っている」と思わせない

編集（以下、――） 働き方改革の〝犠牲者〟とも言える中間管理職のお悩みです。

勝間 仕事の総量が変わらないまま、部下の残業を規制したら上司にしわ寄せがいくに決まって

るんですけどね。部下の中にも残業できなくなった分、家に持ち帰って仕事をしているという人もいるでしょう。仕事の総量をどう変えるかということこそが「働き方改革」なんですが、現状はそうなっていません。中間管理職たちが部下の仕事を引き受けている限り、〝上〟の人たちは改善しようとしません。「それでなんとか回っている」と判断するからです。

〝上〟の人たちに聞く耳を持ってもらうには、自分1人では難しい。同じ悩みを持つ同僚の中で信用できる人を最低3人、組織の規模が大きければ5〜10人ぐらいで結託することをお勧めします。可能であれば、かつてお世話になった他部署の上司などにも理解を求めて、斜め上からも応援してもらえるとベター。〝プチ組合〟みたいなものです。自分たちが有利になる人的ネットワークをつくりつつ、改革案をまとめて〝上〟に持っていくわけです。仲間づくりと戦略によって、自分たちを敵に回さないほうがいいよと知らしめてください。

——どういう改革案にすると、〝上〟に通りやすいんでしょう?

「情報の流れ」を見直し、ムダを減らす

勝間 とにかく具体性が大事です。まず残業の実態を知ってもらうべく、以前と比べて残業時間が何時間増えているか、残業になる仕事内容は何が多いか、という事実を記録します。それによって具体的な弊害は何か、仕事効率がどのくらい下がっているか。それが業績にどのくらい悪影

響を及ぼしているか、というデータをまとめます。

次に、改善すべき仕事の候補をリストアップします。顧客のための仕事は減らせませんが、社内での不要な承認作業や報告作業、やたら長い会議など、「仕事のための仕事」はDX化や排除の対象になります。

私が会社員時代によく言われたのは、「情報の流れ」の見直しです。必要な人に必要な情報がちゃんと流れているか、逆に不要な人に流れていないか、または二重三重に流れていないかをチェックして、整理整頓するわけです。

――仕事の総量が減るような改革を考えるわけですね。

勝間　私が会社で中間管理職だったとき、部下の育成があまりにも大変だったので、同じ立場の人たちと結託して、個別研修から全体研修に変えるように〝上〟に働きかけました。それによって実際、私たちが提案した1日に集中した研修プログラムが定着しました。また、コミュニケーション不足によって情報共有がされていなかった部署には、週1、2回のミーティングを提案した結果、情報の行き違いによるロスが減り、業績も伸びました。

――あくまでも「提案」なんですね。心情的には上司に「もう無理です！」「どうにかしてください！」と抗議したくなりますが、そこはグッとこらえて、より良くするための提案をする、と。

折に触れ、悩みや要望をチラ出しする

勝間　「自分の残業を減らしてほしい！」ではなく「こうしたら効率化ができて業績が上がりますよ」という提案をして、そうなったら上司であるあなたの評価も上がりますよ、とメリットを示すわけです。また、何の前触れもなく提案すると相手を構えさせてしまうので、折に触れ「残業続きで部下の育成に手が回らないんですが、どうしたらいいですかね」という感じで、チラ出ししていきましょう。

上司に、この改革を進めたら自分は出世できるんじゃないか、ぐらいの気持ちにさせるのがポイントです。実際、そうなる可能性が高いですから、うそではありません。同業他社で、働き方改革をして業績が上がった好例を添えるのも、説得力が増して効果的だと思います。

最後は「利己的」に考えて自分を守る

——まず直属の上司に話して、聞き入れてもらえなかったら、さらに上の上司に話しにいくことになりますよね。でも、それでもダメだったら……。

勝間　違う部署へ移るのもありです。社内転職できそうな場合は、自分が興味を持てる仕事内容で評判がいい上司を探して、異動できるようにアピールしましょう。時間はかかるかもしれませ

んが、やる価値はあります。それも難しければ、転職を考えることをお勧めします。何事も、できることがあるならやったほうがいいけど、できることをしても変わらないなら、見切りをつけるべきだからです。

もし、社内転職できない、他の会社に転職することも難しいときは、これまでの自分の考え方を変えること。中間管理職だから責任がある、部下の分まで残業すべき、といった考えは捨てて、もっと利己的に、自分の心と体を守れる範囲内の仕事をしてください。かなり力技ではありますが、自分の心と体が壊れてしまってからでは遅いんです。もし壊れてしまっても、上司も会社もなにもしてくれません。

――自分が利己的になったら、管理職を目指す部下がますますいなくなってしまうと心配になりますが……。

自分自身の働き方を見直すための一冊

勝間　危惧する気持ちも分かります。ただ、できることをやった上での決断なら、部下も納得してくれるはずです。むしろ、部下に対しても、今いる会社の体質や現状を知らしめることができて、いいメッセージになり得ます。

――なるほど、確かにそうですね。職務内容に限らず、福利厚生面などで改善してほしいことがある場合も、ネットワークをうまく使って提案という形で進めるとうまくいきそうですね。

悩める管理職にお薦めの一冊があれば教えてください。

勝間　『マネジャーの最も大切な仕事　95％の人が見過ごす「小さな進捗」の力』（テレサ・アマビール、スティーブン・クレイマー著、中竹竜二監訳、樋口武志訳／英治出版）です。2017年に発売されてすぐ、米国で話題になっていたので読みました。

著者は米ハーバード大学の教授と心理学者で、彼らは35年かけて、669人のマネジャー調査と、1万2000の日誌分析を行いました。その結果、働くモチベーションや創造性、生産性を上げるには、評価やインセンティブを与えることでも、明確な目標を掲げることでもなく、やりがいを持って進められるように成長支援することだと説いています。

裏を返すと、働く上でやりがいを削ぐものが一番「悪」ということ。部下の育成の参考になるだけではなく、米国の企業がいかにメンタルヘルスを大事にしているかも分かります。自分自身の働き方を見直すヒントも得られると思います。

ヒント

情報の流れを見直し、「仕事のための仕事」を減らす

塾長のお薦め本

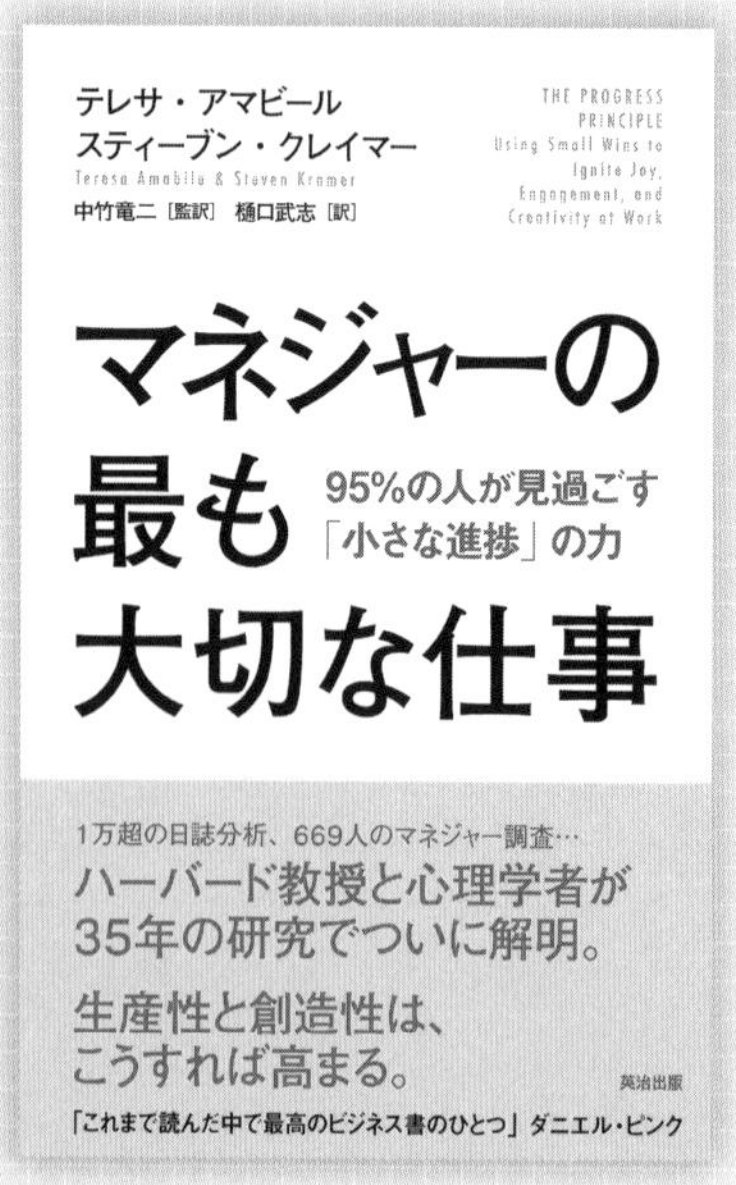
テレサ・アマビール
スティーブン・クレイマー
Teresa Amabile & Steven Kramer
中竹竜二［監訳］ 樋口武志［訳］
THE PROGRESS PRINCIPLE
Using Small Wins to Ignite Joy, Engagement, and Creativity at Work
マネジャーの最も大切な仕事
95%の人が見過ごす「小さな進捗」の力
1万超の日誌分析、669人のマネジャー調査…
ハーバード教授と心理学者が35年の研究でついに解明。
生産性と創造性は、こうすれば高まる。
英治出版
「これまで読んだ中で最高のビジネス書のひとつ」ダニエル・ピンク

働くモチベーションや創造性、生産性を上げるには、やりがいを持って進められるように成長支援することだと説く

「マネジャーの最も大切な仕事
95％の人が見過ごす「小さな進捗」の力」

（テレサ・アマビール、スティーブン・クレイマー著、
中竹竜二監訳、樋口武志訳／英治出版）

悩み 2

サイコパス的な上司に疲弊、異動できないなら、どうする？

サイコパスを避けることは最優先課題、自分を守るために転職を考える

ベンチャー勤務です。事業内容や職務はとても気に入っていますが、上司がいわゆるサイコパス的な人格で、悪口を言われたり、急な指示に振り回されたり、手柄を横取りされたりして、私を含めチームのみんなが疲弊しています。それでも業績を上げているので、CEOからは評価されているようです。部署異動は難しく、転職もできればしたくないと思っています。どうすれば上司から受けるメンタルの被害を最小限に抑えられますか。　ベンチャー企業・Oさん（43歳）

自分のために他人を利用することに全く抵抗がない人がいる

——この上司みたいに他人を操ろうとする人って、たまにいますよね。最近ではドラマにもソシオパス設定のキャラが登場していましたし。上司じゃなければ全力で避けますが……。

勝間　サイコパスやソシオパスは先天性か後天性かの違いはありますが、精神医学では「反社会性パーソナリティ障害」という人格障害の一種であると考えられています。両者とも、自己中心的で共感能力が欠けていることが特徴で、自分の利益や快楽のために他人を利用することに全く抵抗がありません。他人を物だと思って道具のように扱いますから、近くにいると彼らの都合のいいように使われ続けてしまうのです。周囲を犠牲にしているからこそ、目立った業績を上げられるとも言えます。

私は、サイコパスから逃げることは人生の最優先課題の1つだと思っています。つまり結論から言うと、異動できないのであれば、自分を守るために転職すべきです。

——え！　サイコパス上司って転職が必要なほど大問題なんですか？

彼らが反省したり、行動を変えたりすることはない

勝間　日本はサイコパスの危険性に対する認識が甘いんです。米国では25人に1人の割合で存在するといわれ、多くの企業では採用時にテストをして、彼らが組織内に入れないようにしています。なぜなら、どんなに優秀な人材だとしても、周りの人を疲弊させてパフォーマンスを落とし、組織全体の業績も落とすからです。1人のサイコパスやソシオパスのために、人の入れ替わりが激しい不安定な職場になる。結果として業績悪化につながるので、組織は中に入れたくないわけ

です。

次々に人が辞めていったとしても、サイコパスやソシオパスは全く責任を感じません。自分が諸悪の根源であるという認識がないので、新しく入ってきた人をまた道具として使い倒します。反省したり、行動を変えたりすることはないのです。

——40代での転職は簡単ではないと思いますが、それを踏まえてもサイコパスやソシオパスからは逃げたほうがいいということでしょうか？

勝間　はい、その通りです。グーグルによる実証実験で、「チームの生産性を上げる最重要要素は心理的安全性である」と位置付けられていますが、サイコパスやソシオパスの存在は心理的安全性を奪う大きな要因です。

サイコパスを容認する会社の体質にも問題がある

勝間　相談者さんは、会社の事業内容や職務はとても気に入っているとのことですが、それは保有効果といって、自分が持っているものは高く評価したがる心理作用のせいかもしれません。また、人は変化を嫌う生き物なので、現状維持バイアスも働いていると思います。だから今の会社にとどまろうとするわけですが、ＣＥＯがその上司を評価して、疲弊したスタッフをケアしないことを問題視してください。なぜなら、組織としてサイコパスやソシオパスを容認する体質である可能性が高いからです。

それは心理的安全性を保てない組織、イコール生産性が上がらない組織であることを意味します。今は業績がよかったとしても、中長期的にはどうなることかと、疑問が生じてきませんか？組織に心理的安全性がなければ、仕事も面白いと思えなくなって実力を１００％出すことはできません。

大丈夫、もっと面白い仕事は他にいっぱいあります！ 転職することを強く勧めます。

――確かにメンタルがやられてからでは遅いですものね。今すぐ辞められない場合や転職先を見つけるまでの間は、どんなことに気を付ければいいでしょうか？

上司に対してはっきりとノーを言う

勝間　これ以上利用されないために、上司に対してはっきりとノーを言うことです。サイコパスやソシオパスは利用できる人はとことん利用しますが、利用できないと分かると離れていきます。そうするとチームから外される、と不安になるかもしれませんが、外されて本望と思いましょう。それで異動できたらラッキーですから。
あと、悪口が書かれたメールなどはちゃんと保存しておきましょう。上司に抗戦することになった場合の証拠になります。可能なら音声データも録音しておくといいですが、そこまでする価値があるのかどうか……。サイコパスやソシオパスと関わり続けるリスクを考えると、やはり早く辞めたほうがいいと思います。害を与える人と同じ空間で働くなんて、どう考えても心身の健康によくありません。仮に自分は被害を免れたとしても、他の人が攻撃されているのを見るのもストレスが大きすぎます。

転職先にサイコパスやソシオパスがいないとは限りませんが、転職エージェントに心理的安全性の高さを条件として伝えると、出くわす確率は下がるでしょう。以前、大手ベンチャー企業の執行役員が「エンジニアの採用は『いい人』であることを重視している」と話していて、すごくいい採用方針だと思いました。ベンチャーのように規模が小さい会社ほど、1人の社員の影響は大きいですし、異動による〝逃げ場〟が少ないので心理的安全性は大切な条件だと思います。

――なるほど、サイコパスやソシオパスは世界中のどこにでも一定確率でいるから、最大限の予防をして行動することが、自分を守るすべになるわけですね。今回、お薦めの一冊はどんな本でしょうか。

「良心や後悔はない」と語る当事者の恐るべき心理

勝間　相談者さんにぜひ読んで欲しいのは、『ソシオパスの告白』（M・E・トーマス著、高橋祥友訳／金剛出版）です。この本は、元弁護士でソシオパスと診断された女性が匿名で書いたものです。心理学者が客観的に分析した本ではないので、彼らが他人をどう見ているのかが怖いほどよく分かります。
著者は多くの人を踏み台にしたり蹴落としたりして生きているのですが、そのことに対して本当に、1ミリも罪悪感がないんです。相談者さんの上司も、この著者と同じ思考回路の持ち主だと分かれば、そばにいることがいかに危険なことかを理解できるはずです。頑張って耐えればいつか報われるはず、とか思っちゃダメ。サイコパスやソシオパス相手に、報われることは絶対ありません。「人と人はいつか分かり合えるもの」という考え方が一切通用しない相手も世の中にはいるのです。

ヒント

サイコパスが容認される職場は心理的安全性が低い

塾長のお薦め本

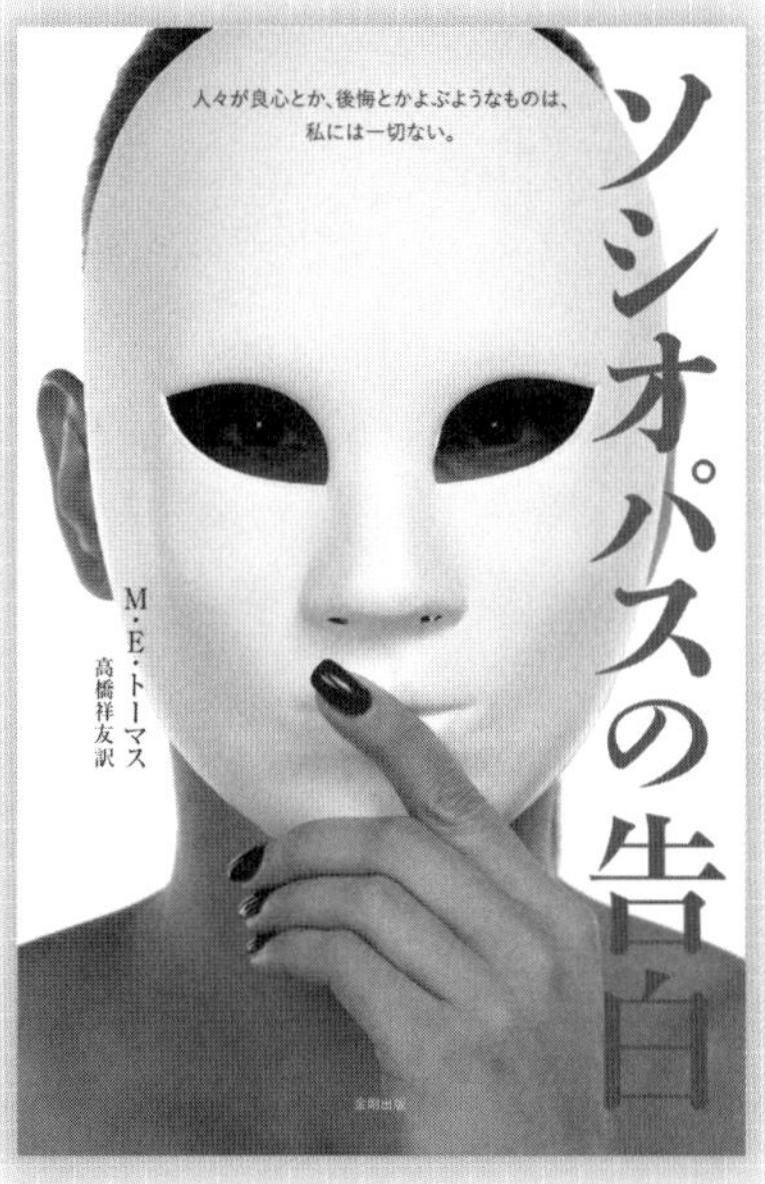

ソシオパスと診断された女性が匿名で記した自伝。目的達成のために他人を利用することをいとわない思考回路が分かる

「ソシオパスの告白」

（M・E・トーマス著、高橋祥友訳／金剛出版）

悩み 3

昇進目前で異動　キャリアの停滞期にすべきこととは？

諦める前に人脈やコネ、政治力を使い、自分以外の視点を入れて現状を分析する

これまで会社で賞をもらえるぐらい頑張ってきましたが、役職につく一歩手前で不本意な人事異動により、自分が進みたかったキャリアから遠ざかってしまいました。振り出しに戻ったようで意気消沈。転職活動はもとより、今の仕事に生かせる資格取得の勉強もしていますが、手応えがなくてモヤモヤした日々です。こういう思い通りにいかない停滞期をどう過ごせばいいでしょうか。

メーカー勤務・Oさん（41歳）

「よく働く」だけでは出世できない

――40代に入って停滞感を抱く、という声が多く寄せられています。20代、30代と仕事を頑張ってきて、40代で役職につけると思ったらつけなくて、やる気を失うと同時に、目指すべき方向性

も見失ってしまう、という……。

勝間 停滞感を抱く40代は、男女問わず多いですね。かつての出世コースといえば、30代で係長、40代で課長が一般的でしたが、管理職ポスト自体が減っているため、つけるポストがない。つけて係長で、そのまま定年を迎えるケースも少なくないか、と。昨今、AI（人工知能）の普及でなくなる職種が話題になりますが、今は誰でもリストラの対象になりますし、平均以上に有能で、その人にしかできない職種についていても、給料が下がっていく時代なんです。

――なんとも、厳しすぎる現実です。

勝間 会社が求めているのは、言うことを聞いてよく働いてくれる人材ではなく、市場を開拓できる人や顧客のニーズを掘り起こせる人など、新たな価値創造をしてくれる人＝会社の利益を伸ばしてくれる人材です。単によく働くだけの人材は、会社にコキ使われて終わる恐れもあります。本人にしたら、仕事をたくさん任されてやりがいを感じ、将来役職につけると期待が膨らむものですが……。

と、嘆いてばかりいても仕方ありません。もし私がこの相談者の立場だったら、ありとあらゆる人脈やコネ、政治力を使って、役職につく道を模索し直すと思います。手始めに、上司と食事に行って、どういうふうにしたら役職につけるかのリサーチをしますね。そうやって役職につくための戦略を立てて、それを遂行しながら日々の業務をします。

――役職につくことを諦めるのはまだ早いということですか？

役職についたほうが転職にも有利に働く

勝間　早いですね。役職につけなかった理由をきちんと分析する必要があります。会社の慣例として性別や学歴によって役職につきにくいのであれば、正しく評価されるための道筋を考えないといけません。「不本意な人事異動で自分が進みたかったキャリアから遠ざかってしまった」とあることから、政治的に排除された可能性も考えられます。もしそうなら、相談者さんも政治的に立ち回るべきです。政治的に立ち回るといっても難しく考える必要はなく、関係者をランチに誘うことから始めればいいんです。

やる気をなくして会社を辞めたいと思っていても、転職先が見つかるまでは今の会社で役職につく方法を探ることが賢明です。役職についてからのほうが、転職も断然有利になりますから。同時に、転職活動についても、今の方法がなぜうまくいかないかを見直してみましょう。転職エージェントを変えるのも手。あと、知り合いを使うことも忘れずに。年を重ねるほど、希望にあった転職をするにはリファラル（紹介）しかない、と言っても過言ではありません。転職経験がある知り合いや元同僚、取引先で仲のいい人などに、転職の意向を伝えて〝種まき〟しておくことをお勧めします。

――勝間さんも会社員時代に、上司や同僚、部下の他、社外の人ともコミュニケーションを取るように努めていましたか？

勝間 ええ、わりとマメにコミュニケーションを取って、情報収集に努めていました。社内の人とは、廊下ですれ違ったときなどにあいさつがてら、雑談もよくしていましたね。組織で働くのであれば、業務に能力を発揮するだけではなく、人間関係を含む環境を整えることが重要です。どんなに有能な人でも、環境が整っていなければ能力を発揮することはできません。

私は「ゆるいつながり」を推奨していますが、他愛もない雑談でも人と話すことで気づくことって多いんですよ。自分の中に眠ったポテンシャルや、向いていること、欠けていること、その欠けていることを補うには何をすればいいのかも分かります。何かあったときは最低でも5〜10人と話をしましょう。新しい知り合いをつくれ、という話ではなく、会社の上司や同僚、部下、家族、学生時代の友達でOK。自分以外の視点を入れて壁打ちすることが重要です。

自己啓発セミナーに出ても状況は好転しない

勝間 キャリアの谷間で思い通りにいかないことが多いと、つい現実逃避しがちですが、本当にすべきことは行き詰まった原因を見直して、やり方を変えることです。仕事が原因で生まれたモヤモヤなら、仕事でしか晴らせません。自己啓発セミナーや資格取得講座に通うなど、目先を変えても好転することってあまりないんですよ。ジッと待っていれば好転する、なんてことも決してありません。推し活も、気分転換としてするのはいいですが、現実逃避でのめり込んでしまったらダメですよ（笑）。

――自己啓発セミナーや資格取得講座は、行き詰まった状況を打破する正攻法と思いきや、現実逃避の一種だったとは！　確かに、新しいことをやっている気分にはなれても、会社内でのモヤモヤした不満足感は解決しませんね。

ネットワークや組織について理解を深める

勝間　もっとも、焦りは禁物です。40代の正社員であればそう簡単にリストラされないでしょうし、すぐに収入が途絶える心配はないわけですから、じっくり今後のキャリアプランを考えてください。恐らく相談者さんは真面目で一生懸命仕事をするタイプの方でしょうから、1人で頑張るのではなく、ネットワークやチームビルディングに意識を向けるといいですね。

――さて、今回の相談者さんにお薦めの一冊を教えてください。

勝間　どのようにエンパワーメントしていくとよりよく働けるのか、ということを考える上で参考になる、ネットワーク科学という分野があります。

人とのつながりが一体、何をもたらすのか

勝間　その入門書としてふさわしいのが『私たちはどうつながっているのか　ネットワークの科学を応用する』（増田直紀著／中公新書）です。

私たちは社会人としても会社の組織人としても、1人で生きてはいませんよね。さまざまなつながりを持っていて、ネットワーク単位で生きています。それについて研究するのがネットワーク科学で、人とのつながりが一体何をもたらすのか、ということが科学的に解明されています。

著者は元・東京大学大学院の准教授で、現在は米ニューヨーク州立大学バッファロー校で教授をされている方。発売されたのは2007年ですが、今でも学ぶことが多い一冊です。政治的に立ち回ることやコネをうまく使うことに苦手意識がある人も、それらは自分がよりよく生きるために必要なことなんだ、と考え方が変わるでしょう。

ヒント

チームワークに意識を向け、人間関係を含む環境を整える

塾長のお薦め本

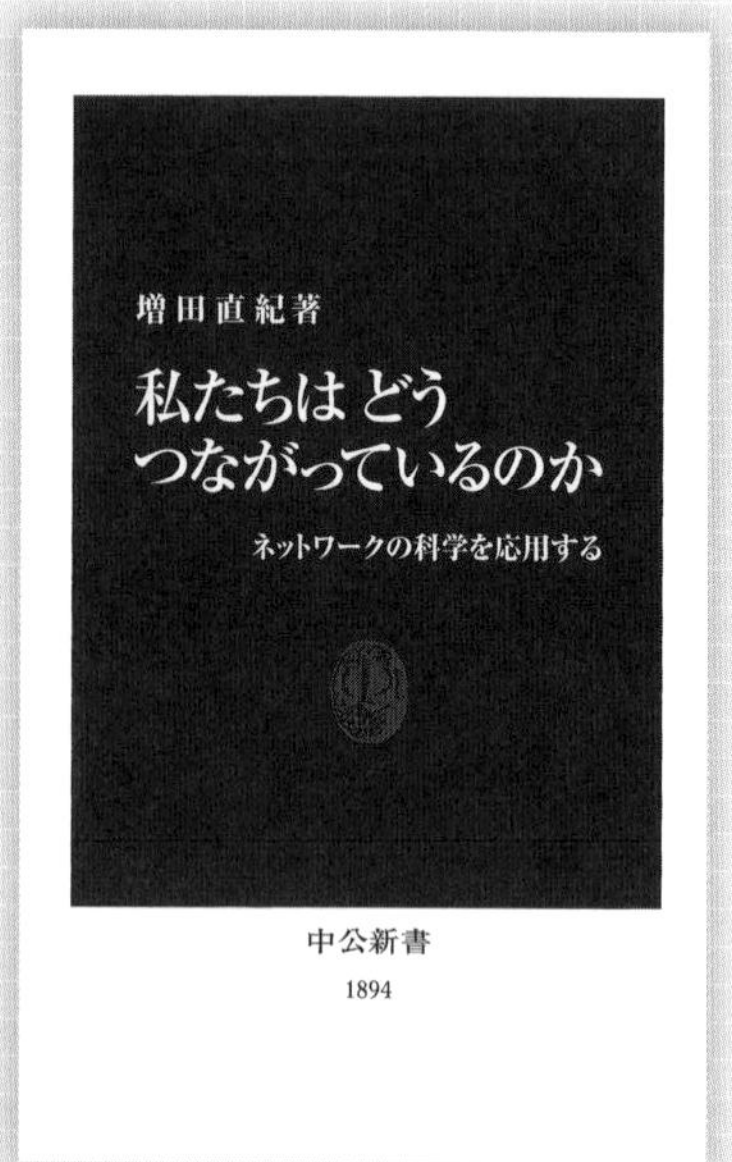

会社や友人関係、地域社会など、人とのつながりをもたらすものを最新ネットワーク科学で解き明かし、生活に生かすことを提言

「私たちはどうつながっているのか
ネットワークの科学を応用する」

（増田直紀著／中公新書）
※電子書籍のみ

悩み 4

部下に怒ったわけでもないのに、「怖い」と言われる

「親しみやすさ」を演出するため、積極的に〝抜け〟をつくって演出する

新卒から大手企業に勤めて40代で管理職になりました。自分では部下の言動に対して感情的にならず、冷静かつ丁寧に受け答えしているつもりですが、先日「怖い」と言われていると聞いて、ショックを受けています。何か厳しく指摘したり、パワハラ的なことを言ったりした覚えは全くないのに……。部下に怖がられず、かつ相談されやすい上司になるにはどうすればいいでしょうか。

ＩＴ企業・Ｙさん（44歳）

女性は優秀なだけで「怖い」と思われがち

――部下には感情的にならずに丁寧に対応し、厳しく追及することはない、という女性管理職の方です。なぜ怖がられてしまうのでしょうか。

勝間　怖いと言われることは、私もあります。特にテレビに出ていた頃はよく言われました。実際に会うと、ほぼ１００％「勝間さんって怖くないんですね」って言われて。ということは「私、怖く見られていたんだ」と気付いたんです。

聞けば、クイズ番組に出ればいつもほぼ全問正解だし、討論番組では誰に対しても自分の意見をはっきり言うから怖い人だと思っていた、と。男性は賢いと尊敬の対象になるけど、能力が高い女性やはっきりものを言う女性はデフォルトで怖いと思われる、と受け止めておいたほうがいいですよ。要するに、女性はやさしそうでかわいらしくあってほしい、という世間の期待値から大きく外れていたわけです。相談者さんが怖がられる理由も、根本的に同じでしょう。

例えばドラマでも、学歴が高くて賢い女性は友達が少なくて恋愛に奥手といった設定になりがち。そういう分かりやすい欠点を設けるのは、キャラクターに人間らしさが加わって、好感を持たれやすくなるからです。

あらかじめ世間の期待値を踏まえておいたほうが自分も働きやすくなります。だから、相談者さんのように優秀な管理職の女性は、積極的に〝抜け〟をつくることをお勧めします。もし、上司としてビシっとしていなくてはいけない、と思ってストレートヘアに黒やグレーなどのダークカラーのスーツを着ていたら、それがアダになっている恐れもあります。

――〝抜け〟とは？　具体的に教えてください。

髪形や服装で人に与える印象は簡単に変わる

勝間　手っ取り早く変える方法として、デスクに子どもや愛犬・愛猫の写真を飾ったり、仕事とは関係のないキャラクターグッズを置いたりするのも一案です。部下の目に留まりやすくて、「それ、どうしたんですか?」と会話が弾むきっかけになり得ます。

そして、私がよりお勧めする方法は、ヘアスタイルをミディアムかセミロングにして、ふんわりとしたゆるやかなパーマをかけることです。これは後々気付いたことですが、私がマッキンゼー・アンド・カンパニーに勤めていた頃の上司だった先輩女性は、うまく〝抜け〟をつくっていました。

今や大企業の経営者になった先輩は、髪の毛をセミロングにして、襟元にフリルが付いたものや、パフスリーブのように袖が膨らんだものなど、柔らかい印象の服をよく着ていました。もう1人の女性上司も同様に明るい色の服を着てアクセサリーを付け、ソフトでおしゃれな雰囲気にまとめていました。一方、下っ端だった私はショートカットでダークカラーのパンツスーツでした（苦笑）。

当時は、偉くなると服装も髪形も自分の好きにできていいな、と思っていましたが、あれは彼女たちの戦略で、親しみをもたれやすくするための演出だったに違いありません。政治家の女性も丸い縁の眼鏡をかけたりしていますよね。

——確かに、髪形や服装で人に与える印象は変わりますね。親しみやすさ、話しかけやすさは増しそうです。

周りの目を気にした結果ではなく、「自分の働きやすさ」のため

勝間 親しみやすいと思われるようになったら部下との関係が良くなって、仕事をしやすくなりますよね。その結果、成績が上がれば、評価も上がります。つまり、親しみやすさの演出は、自分の働きやすさにつながるわけです。

部下に気を遣ったり、周りの目を気にしたりした結果ではなく、「自分のため」と考えると、より前向きに取り組めると思います。いっそ、コスプレ感覚でやると楽しめるでしょう。いわば〝女子コスプレ〟をするわけです。

男性が、スーツを着てネクタイをするのは〝できる男子コスプレ〟のようなもの。動きやすさやコストを考えると、好き好んでスーツを着る人は少ないでしょう。着るのは、頼りがいやリーダーシップを演出できるから。男性も男性で苦労していて、世間の期待値のデフォルトに合わせているのです。

男性の場合、やさしそうに見えることは働く上でマイナスに見られることもあります。人とし

ての長所ではありますが、組織の中においては頼りがいがない、情けない、といった評価につながりやすい。だから、やさしそうに見える男性は威厳を演出するために、ヒゲを生やしたり、黒ぶちで角ばった眼鏡をかけたりしますよね。

世間の期待値に対して、アンコンシャスバイアスだと訴えても、残念ながら簡単には変わりません。長い歴史の中で刷り込まれてきたものだからです。

――〝女子コスプレ〟は一気にすると、部下にザワつかれるかもしれないから、少しずつやるとよさそうですね。週に何日かはスーツじゃない日にしたり、明るい色の服を着たり。でも、見た目を変えることに抵抗がある人はどうすれば？

「これ苦手だから」と弱みを見せる

勝間　であれば、ちょっとした言い方でも印象を変えられます。例えば、部下に指示を出すときに「これをやってもらえる？」ではなく、「今他のことで手が回らないから、やってもらえる？」というふうに、〝助けてください路線〟にすることをお勧めします。もしくは、「これ苦手だから、やってもらえないかな」と〝弱みをアピールする路線〟。そうやって頼ることも、怖さの軽減につながります。

あと、意見を言うときは、「私はこう考えている」と言い切らずに、「私はこう考えているんだけど、みんなはどう考えてる?」と付け加えること。その一言で上から物を言っている感じがなくなって、意見を聞き入れてくれる人という印象が浸透すると思います。

――どれもテクニックとして効果がありそうです。〝女子コスプレ〟も戦略だと割り切ればいいかもしれませんね。相談者さんも、きっと何か試すことができると思います。それでは最後に、お薦めの一冊を教えてください。

勝間 女性が組織で働く上で知っておくべきことが詰まった名著として、『働き方の男女不平等理論と実証分析』(山口一男著/日本経済新聞出版)をお勧めします。

著者は米シカゴ大学の社会学教授で、この分野の第一人者です。働く上で、女性はどのように差別されていて、その差別に対してどう対処するといいのかが分かります。専門書なのでまああ難しい内容ですが、大手企業の管理職をやってる方なら余裕で理解できるでしょう。部下の育成においても役立つ知識が豊富なので、読んで損はありません。この本に書いてあることを知っているか知っていないかでは、女性管理職としての今後は違ってくると思います。

ヒント

自分自身を変える必要はなく「弱み」を見せて周りを動かす

塾長のお薦め本

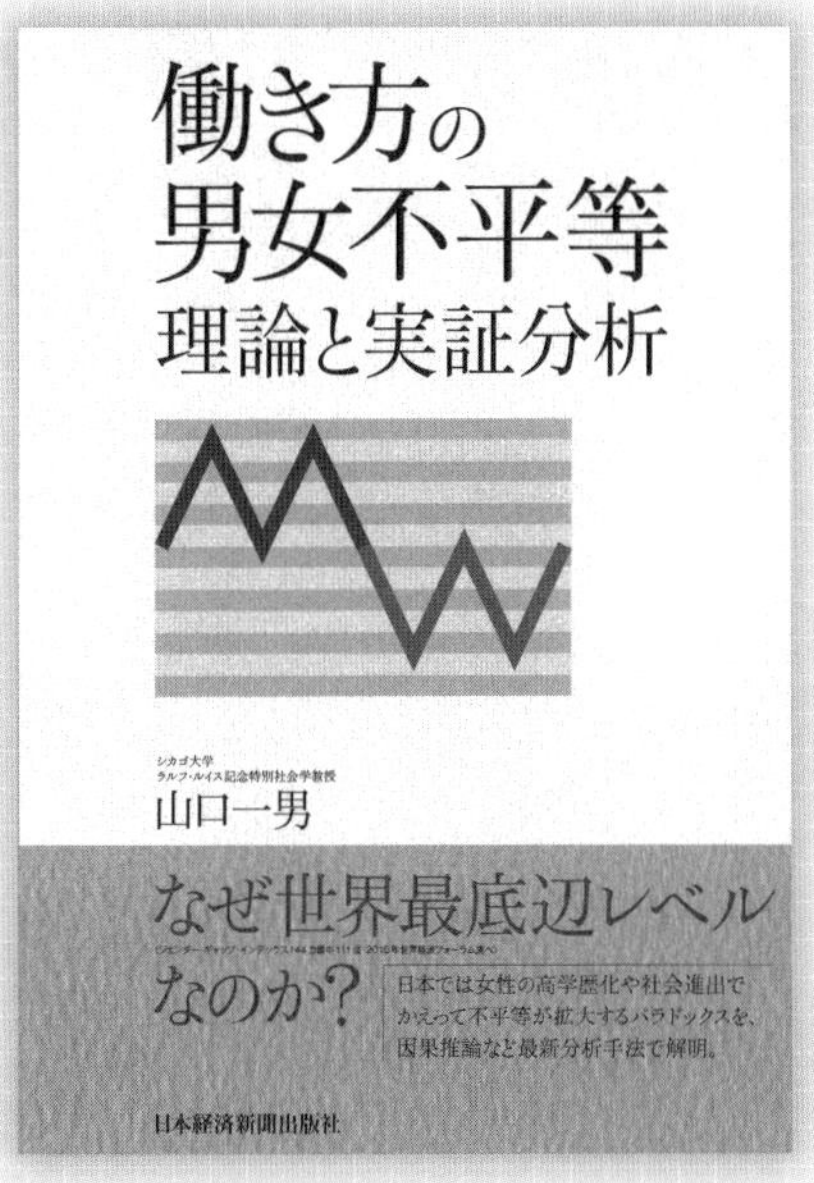

女性が組織で働く上で知っておいたほうがいいことが詰まった名著。日本や海外の豊富なデータを統計分析手法で社会学者が読み解く

「働き方の男女不平等
理論と実証分析」

（山口一男著／日本経済新聞出版）
※電子書籍とアマゾンペーパーバック版のみ

悩み
5

人前で話すのが苦手、どうしたらうまくなる？

言葉にされない非言語情報を読み取って、聞き手の理解度に合わせる

チームのメンバーや外部の人たちの前で話す機会が増えました。もともと人前で話すことが苦手なので、事前に話す内容を整理して準備していくのですが、なかなかうまく伝わらず、途中で飽きられている気がして手応えを感じません。人を引き付けてうまく伝えるには、どういうメンタルで話せばいいのでしょうか。よく講演されている勝間さんが気を付けていることや話がうまくなるコツを教えてください。

不動産業・Oさん（42歳）

人前で話すのが苦手な人は自分に視点が向いている

――きっと多くのビジネスパーソンが同じような悩みを抱えていて、プレゼンやスピーチで苦労していると思います。

勝間 今回の相談者さんをはじめ、人前で話をするのが苦手な人というのは、自分にしか視点がないんですよね。どういうことかというと、自分が話す内容や順序、スピードに気を取られすぎて、聞き手が理解しやすい内容や順序、スピードかどうか、という視点が抜けているんです。

その結果、あれもこれもと話題がてんこ盛りになり、それを時間内に話し切ろうとして早口になるため、聞き手を置いてきぼりにしてしまう、と。典型的な例が、下を向いてスピーチ原稿を読み上げるパターン。はっきり言って、聞き手にとっては〝地獄の時間〟です。

講演やプレゼンは、話し手が一方的に話す場ではなく、普段の会話の延長にあるものだと考えてください。なぜなら、聞き手は相づちを打ったり、「へ〜、そうなの?」「知らなかったー」と心の中でリアクションをしながら聞いているからです。

――講演は普段の会話の延長なんですか! でも、普段の会話はできても大勢の人の前で話すとなると緊張してしまう人もいますよね。

勝間 緊張するのは、等身大の自分より、よく見せようとするからです。いつもの自分を見せられればいい、と思えば大して緊張しないはずです。また、数をこなせば、緊張しないで上手に話せるようになるか、といったら違います。何回やっても、スピーチ原稿を読み上げ続けるようでは上達しません。

もし聞き手が下を向いたら、話を聞くことを拒否し始めているサインですから要注意です。

——それは大変！　どうしたら講演やスピーチで相手を引き付けられるのでしょう。勝間さんは何に気を付けていますか？

実際に話すのは持ち時間の半分ぐらいでいい

勝間　聞き手のことをどれだけ思いやれるかが肝です。何百人を前にした講演会でも、前列の人たちの反応は見えるので、彼らの表情を見ながら話します。相づちや表情、メモを取るようなしぐさなど言葉にされない非言語情報を読み取って、聞き手の理解度に合わせて話を調整できる人が、上手な話し手だと言えます。

私の場合も恐らく、話している時間は持ち時間の半分ぐらいでしょう。持ち時間が30分としたら、15分。残りの半分は間を置いたりアイコンタクトを取ったりしながら、聞き手が話を受け取って、理解し、リアクションする時間に充てています。

——たった半分ですか！

勝間　そうです。人前で話すこともコミュニケーションの一種なんです。コミュニケーションが上手な人は相手のことを考えて、理解するペースに合わせて話すものですよね。それを大勢の人前ですると講演やスピーチ、プレゼンが上手な人になるわけです。

普段の会話でもスピーチの訓練はできる

勝間　普段の会話でも、どういう話し方をすると相手が理解しやすいかと考えて話すと、いい訓練になります。例えば、面白い映画を見たら、どう話したら見たいと思ってもらえるか。おいしいレストランに行ったら、そのお店を知らない人に行きたいと思わせるにはどう話せばいいか。相手の興味をそそるポイントを押さえることが重要です。自分の話に対して、相手が「いつまで公開してるの？」「予約必須？」などと聞いてくれたら、上手に話せていると思ってOK。聞き手を意識した話し方を普段からしていると、プレゼンやスピーチ、商談でも相手のリアクションを読み取ることができて、それに合わせて話を調整できるようになります。

話す練習をしたいなら、人と会話するに限ります。特に見ず知らずの人との会話。バス停で前後になった人と「バスが遅れていますね」「だいぶ涼しくなりましたね」と、できるだけ話を広げてみてください。

——とはいえ何も準備がなく、人前に立つのは不安です。スピーチ原稿を書くのがよくないとしたら、何を準備すればいいですか？

重要なポイントは3回繰り返して伝える

勝間　私は講演をするとき、ポイントを箇条書きにしたメモを手元に置いておきます。聞き手のリアクションを見ながら話していると、たまにテーマから外れることがあるので、途中で見て思い出すためです。メモだけだと不安かもしれませんが、スピーチ原稿を用意しても、うまく話せるかという不安は消えないんです。まず、話す内容を整理して、優先順位をつけて、ポイントを3つに絞りましょう。

そして、大事なポイントは話の中で3回繰り返して話してください。3回繰り返しても、自分が望む通りに理解してもらえないものですが、重要であることを印象づけられます。

——1回では理解されないんですね。他にも、こうするといいという方法はありますか？

勝間　話し始めのアイスブレーク（緊張をほぐす手段）として、聞き手の人たちと共有できる話題を入れることをお勧めします。内容は他愛もない天気の話や時事ネタの他、社内の話題で「決算期で忙しいですね」とか「新製品の売れ行きが好調のようでボーナスが楽しみですね」ということでもいいでしょう。

みんなで共有できる話題を冒頭にもってくることによって、話し手と聞き手の距離を縮め、場の一体感を高めます。講演会の冒頭でよく「本日はお足元の悪い中、ようこそお越しくださいました」などと言いますが、あれも狙いは同じ。話し手は聞き手を思いやりながら、距離を縮めようと思って言っているんです。

――アイスブレークによって、聞き手のリアクションの良しあしも分かりますね。では、今回のお薦めの一冊を教えてください。

「聞く」を知ると「話す」がうまくなる

勝間　『ＬＩＳＴＥＮ　知性豊かで創造力がある人になれる』（ケイト・マーフィ著、篠田真貴子監訳、松丸さとみ訳／日経ＢＰ）です。今回の相談は話し方なのに「Ｓｐｅａｋ（話す）」でなく、なぜ「Ｌｉｓｔｅｎ（聞く）」？　と思うかもしれませんが、この本を読むと、ほとんどの人が「話を聞くスキル」を学んでいなくて、聞くことが苦手なのが分かります。そういう人を相手に話していることを念頭に置いてほしいのです。いい話し手は聞き手に合わせることができる人です。だから、「聞く」を知ると「話す」がうまくなるわけです。

ヒント

スピーチは会話の延長。日常生活で訓練できる

塾長のお薦め本

知性豊かで創造力がある人になれる
LISTEN
Kate Murphy
ケイト・マーフィ
篠田 真貴子（監訳）
松丸 さとみ（訳）
マルコム・グラッドウェル、アダム・グラント、スーザン・ケイン、ダニエル・ピンク、ワシントン・ポスト、フィナンシャル・タイムズ
絶賛!!
話してばかりの人はもったいない
「聞くこと」は最高の知性
日経BP

たいていの人は「話を聞くスキル」を学べていないことがよく理解できる。「聞く」を知ると、「話す」がうまくなる

「LISTEN
知性豊かで創造力がある人になれる」

（ケイト・マーフィ著、篠田真貴子監訳、
松丸さとみ訳／日経BP）

悩み 6

社内に尊敬できるロールモデルがいない

理想の人は存在しない。複数の人の良さを合わせて自分の正解をつくる

会社にロールモデルになるような尊敬できる人がいません。仕事はそれなりにやってきた自負はありますが、社内に信頼できる先輩がいないので悩みを相談することもできません。本当は、プライベートなことも含めて相談できる人がいるといいのですが……。何を目指して仕事をすればいいのか、分からなくなっています。

商社・Fさん（50歳）

社内ではなく社外に目を向ける

——会社にロールモデルがいなくて悩んでいる女性からです。40代、50代に共通する悩みとして、職場に尊敬できる先輩が少ないということがあります。

勝間　50歳の相談者さんが社会に出たのは、1985年に制定された男女雇用機会均等法が浸透し始めた頃。社会全体で見ても、働いている女性の絶対数が少ない時代なので、社内でロールモデルになり得る同性の先輩を探すのは至難の業といえるでしょう。社内で異性のロールモデルを探すか、もしくは社外で見つけるための活動をするかだと思います。

SNSで働く女性のための情報を発信している人も多いですし、オンラインサロンなどのコミュニティーも増えています。そうしたところで、ロールモデルになる人と出会える可能性はあるので、ぜひ社外に目を向けてください。本を出している女性リーダーの中から探すのも一案です。ただし、実際の出会いから探す場合にせよ、本で探す場合にせよ、1人に絞らず、複数の人の憧れるところを集めて、自分ならではの理想像をつくることをお勧めします。20代だったらまだしも、50歳まで自分自身を生きて、自分が思い描く理想にぴったりの1人というのはなかなか存在しないからです。

全く違う職業の人に共通点を見いだした

——勝間さんは20代のときに、ワーキングマザーのためのウェブサイト「ムギ畑」を運営していましたよね。そのときに、ロールモデルになり得るような人との出会いはありましたか？

勝間　ありましたね。20代の頃ですが、働く女性のためのコミュニティーサイトを一緒に立ち上げたコラムニスト兼イラストレーターのももせいづみさんにすごく影響を受けました。

ももせさんは当時から活躍されていて、彼女がムギ畑を宣伝してくれたおかげで、人がたくさん集まったんです。もともとの出会いは、（パソコン通信サービスの）ニフティサーブの中にあったワーキングマザーフォーラムで、年齢は私より10歳ぐらい上。仕事に対する責任の持ち方をはじめ、人との接し方、応援してくれる人や慕ってくれる人の増やし方など、見習うことばかり。今でこそ著述業という共通点ができましたが、当時の私は会社員だったので仕事上の共通点はなし。それでも、確実にロールモデル的存在でした。

30代になって、経営コンサルタントとして働いていたマッキンゼーでは、本田桂子さんにとてもお世話になりました。本田さんも私より10歳ぐらい上で、同社のアジア部門で女性初のシニアパートナー（共同経営者）になり、退社した後は世界銀行グループの多数国間投資保証機関（MIGA）の長官を務めました。今は米コロンビア大学国際公共政策大学院でESG投資を教えたり、誰もが知るような大企業で社外取締役を務めたりと、よく分からないほど偉くなられた方です（笑）。でも、ご本人はひょうひょうとされていて、気負いが全くないタイプ。本当に肩肘張っていなくて、どんな難題も軽やかに、しゅるしゅるしゅる～っと進められるのが印象的でした。

――勝間さんにもロールモデルになった方がいたんですね。お2人には何か共通するところがあったのでしょうか。

勝間　ももせさんも本田さんも、物腰が柔らかく穏やかな性格で、怒ったところを見たことがありません。しかもお二方ともおしゃれで若々しく、いつもきれいにされている。第一線で活躍している年上の女性というと、強いリーダーシップを発揮してどこか怖いイメージを持たれがちですが、2人は正反対といえるでしょう。どういうタイプに憧れるかは人それぞれで、自分にしか分からないこと。私の場合、自分自身もひょうひょうとしているところがあるから、ももせさんや本田さんのスタイルを参考にしやすかったのだと思います。

ロールモデルという「正解」を求めない

——憧れの存在だけど、自分との共通点がある人をロールモデルにすると、まねできることが多くて、着実に成長できそうですね。今回の相談者さんも、外に目を向けて、そうした出会いを見つけられるといいですね。

勝間　もしかしたら、相談者さんは50代から60代にかけての働き方にロールモデルという「正解」を求めているのかもしれませんね。あの人のように働けばこの先も安泰という「正解」がほしい、と。正解を見つけられれば安心できますが、残念ながら、何事においても王道のような正解はありません。現代のように変化が激しい時代においては、なおのことです。

1つの正解を求めたがるのは、私たちの思考の癖です。あれこれ考えたり試したりするのは手間も時間もかかるから、こうすればいい、間違いない、という絶対的なものを求めがちなんですよね。正解は人それぞれ違うもので、どれが自分にとっての正解なのかは、やってみないことには分かりません。だから、複数の人の良さに触れて、「なるほど、こういうふうに働けばいいのか！」「こういう人になれたらすてきだな」と思う部分を集めて、自分なりの正解をつくるといいわけです。

ただ1つ忠告しておきますが、あまり悠長なことは言っていられないと思います。

自分をどうやって戦略的に育てていくかを考える

勝間　なぜなら、50歳という年齢は、自分がロールモデルにされる年齢だからです。1つの手本で正解を探すのではなく、さまざまな例をかき集めて、今後私はこういう働き方をしていく、と自分で決めて、行動に移すことをお勧めします。それが、働くモチベーションになって、励みにもなり得ると思います。

――確かに、40代、50代は後輩からロールモデルにされる年齢でした。今後の働き方について考える際に、役立つ一冊があれば教えてください。

勝間　『Ｄａｒｋ Ｈｏｒｓｅ「好きなことだけで生きる人」が成功する時代』（トッド・ローズ、オギ・オーガス著、大浦千鶴子訳、伊藤羊一解説／三笠書房）です。相談者さんは「ロールモデルがいない」「悩みを相談できる相手もいない」と嘆いていることから、視野狭窄《きょうさく》に陥っている可能性が考えられます。だから、働き方に対する視界を広げつつ、自分をどうやって戦略的に育てていくか、ということが分かる本を選びました。

ダークホースとは「型破りな成功をした人」という意味で、彼らの最大の共通点は「本来の自分であること=充足感」を追い求めていたら、いつの間にか成功していた、という点。変化が激しい時代においては、ダークホースがたどってきた道こそがスタンダード=本命になってくる、という考え方にも共感できます。

著者のトッド・ローズさんは米ハーバード大学教育大学院の研究者で、本書を書くにあたり、何百人もの型破りな成功者にインタビューを行ったようです。私はこの著者が好きで、新刊が出ると必ず買って読んでいます。

ヒント

「本来の自分であること=充足感」を追い求めてみる

塾長のお薦め本

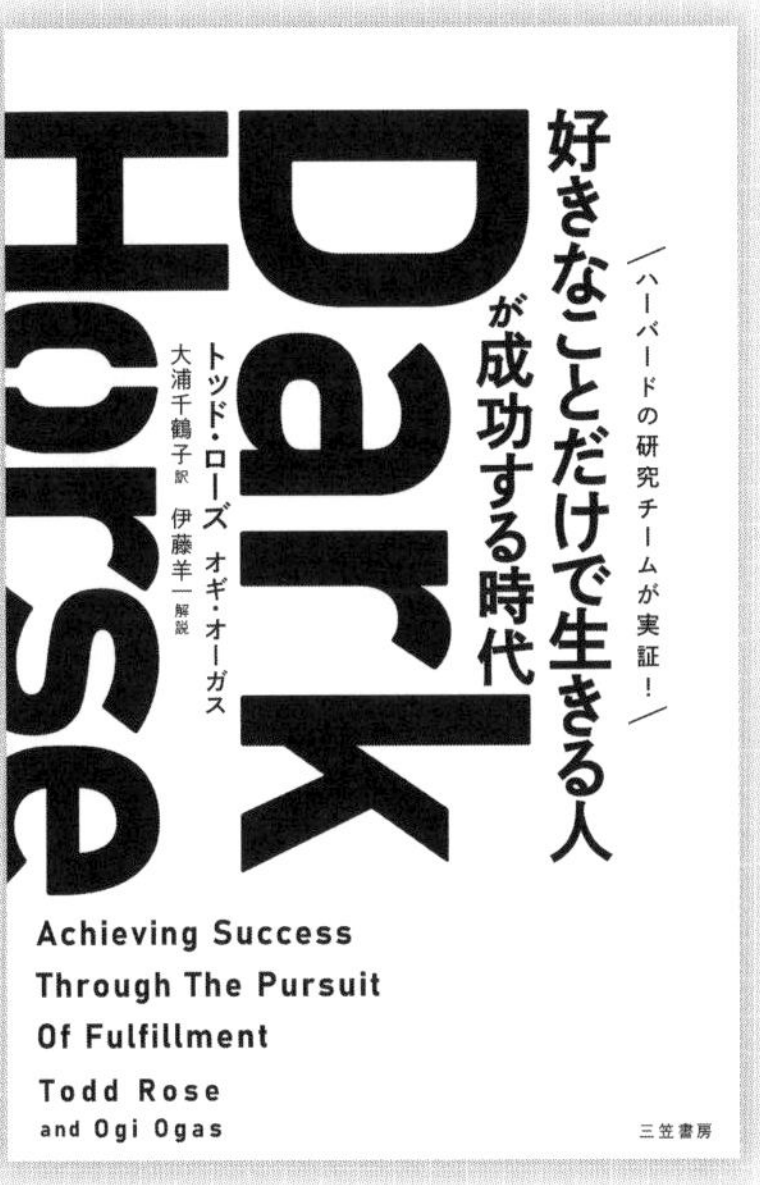

変化が激しく、正解がない時代にロールモデルとなるのは、自分の充足感を追求した人たち。戦略的に自分を育てることを学ぶ

「Dark Horse
「好きなことだけで生きる人」が
成功する時代」

（トッド・ローズ、オギ・オーガス著、大浦千鶴子訳、伊藤羊一解説／三笠書房）

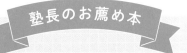

COLUMN

組織の中で働き続けるときに大事なマインドセット

一般的に、組織で働くメリットといえば安定収入の確保や社会的信用の獲得、割り振られた仕事に集中できること。逆にデメリットは拘束時間が長い、裁量権が限られている、やりたくない仕事もしなくてはいけない、といったことでしょう。組織で働き続ける上では、自分なりにメリットとデメリットを考えて、うまくバランスを取ることが重要です。コツは、デメリットをできるだけ小さくすること。知恵を絞って手を尽くしても、デメリットのほうが大きいのであれば、異動や転職、独立を検討すべきだと思います。

顧客も大事だけれど、社内評価も大事

顧客第一で社内評価は軽視していいと考える人は意外と多いですが、それは勘違いです。「一匹おおかみ」で働けるフルコミッションの営業以外、社内評価が低いまま高い成果を出すことは困難です。上司からはいい案件を任せてもらえず、部下には慕われないからです。良好な社内コミュニケーションを通じて、味方を増やすことをお勧めします。

評価に不服があれば、人事部に確認しましょう。実績や能力、協調性以外で、年齢差別や性差別などの不当な評価基準が入っていたら、そのときは退職を考えたほうがいいかもしれません。そうした古い体質の会社は時流に乗り遅れて優秀な人材を確保できず、業績が伸びにくいからです。

第3章

キャリア不安・転職の悩みには

人生がますます長くなっており、
稼ぐ期間も延ばさなくてはなりません。
いま所属している組織を離れる日が必ずくるわけですが、
そのための準備を進めていますか?
転職、雇用条件などキャリア不安に関する悩みに答えます。

悩み 7

リスキリングというけれど、何を学べばいい？

リスキリング＝DXという固定観念を手放そう

このまま今の職場で仕事を続けても昇進する見込みもなく、仕事に明るい未来を見いだせません。政府はリスキリングしろといいますが、いったい何を学べばいいのか……。やみくもに勉強しても、定年後も生かせる勉強でないと意味がないように思います。40代後半からの学び方について、アドバイスをください。

金融業・Kさん（48歳）

「定年後もホワイトカラー」にこだわらない

――働き方の変化やAI（人工知能）などの技術の進歩によって、今後なくなる仕事もあれば、新たに求められる仕事もあって、それに役立つ知識やスキルの習得をしよう＝リスキリングしよう、と政府が言い始めていますよね。リスキリングというとDX（デジタルトランスフォーメーション）関連の勉強をイメージしますが、それが新たに求められる仕事なのかどうか……。相談者さんが「何を学べばいいのか分かりません」というのはもっともです。

勝間 「AIの導入によって日本の労働人口の約49％が就いている職業は、10〜20年後にAIやロボットが代替できるようになる」というリポートが、英オックスフォード大学と野村総合研究所の共同研究によって発表されたのは2015年末のこと。それから約9年たった今、リポートが真実味を帯びてきていますよね。特に先細りなのは、ホワイトカラーの仕事。そう遠くない将来に、ホワイトカラーの仕事の大半はAIがしているでしょう。企業という組織の在り方も、変化を余儀なくされます。そのことから、リスキリングをするならホワイトカラーにこだわらないほうが成功率は上がります。

そもそも、40代後半でDXの知識とスキルを身に付けても、20代や30代からやっている人たちには太刀打ちできないんですよ。「定年後も生かせる学び」といっても、定年まで10年以上ありますから、10年後に何が役に立つのかなんて考えても分かりません。むしろ発想をがらりと変えて、あなたが女性なら、中年女性ならではのスタートを考えたほうがいいと思います。

中年女性だからこそ安心して任せられる仕事、信頼される仕事はいっぱいあります。例えば、お片付けコンサルタントや終活アドバイザーなど。どれも機械化しきれない仕事です。ファイナンシャルプランナーを目指すなら、終活相談にも乗れるようにするなど、中年女性ならではの強みを加えるといいでしょう。

――確かに！　経験豊富で、信頼できそうな中年女性のほうがイメージに合う仕事ですね。

中高年の安心感・安定感は武器になる

勝間　もし私がお片付けを頼んで中年女性が来たら、経験を積んでいると思って安心できるし、余計な気を使わなくてもいい。安心感や安定感って空気のようなものだから、それが「武器」になると認識されずにきた、とも言えます。でも、武器として使わない手はありません。中年女性というのは、いわば安心・安全の代名詞で、一種のブランドなんですから。

――中年女性がブランドとは！　目からうろこが落ちる視点です。武器になるのは若さだけではないんですね。

勝間　若さが武器になる仕事は確かにあります。例えばネイリストやエステティシャンは女性の感覚を生かせる仕事かもしれませんが、若い女性のライバルが大量にいて、すでにレッドオーシャンです。しっかりもうけたいなら、ライバルが少ないところを狙うのが基本です。

私の知り合いの中高年には、ホワイトカラーを経て飲食系の仕事を始めた人が何人かいますね。友人の1人は、会社員を辞めて40代後半から移動式のクレープ屋さんを始めました。彼女は子育てが終わって時間ができたら突然、キッチンカーを買った。車の他、クレープを焼く器具などをそろえる初期費用として160万円くらいかかったと言っていたかな。それでも実店舗を構えるより、かなり費用が抑えられます。

最初は移動式クレープ屋さんで修行をして、じきに独り立ち。あちこちを移動販売して回るうちに固定のお客さんができて、どのメニューが喜ばれるかも分かるように。聞くところによると、お客さんのほぼ8割がチョコバナナを買うそうです。そうしたノウハウをためていき、分析やアイデアを生かしてしっかりもうけています。私より少し年上で60代前半ですが、今は人を使いながら移動販売店を経営しています。

「特技」や「好きなこと」じゃなくてもいい

勝間　要は、人があまりやっていなくて、自分なりの知恵や賢さが生かせれば成功します。「特技」や「好きなこと」までいかなくても、人に喜ばれること、やっていて嫌じゃないことであればいいと思います。

――ホワイトカラーにこだわらず、中高年の強みを生かせて、ライバルが少ない分野を考えたほうが、断然明るい未来のイメージが浮かびます。政府が推奨するリスキリングをしなくちゃ！　と焦る必要はないのかもしれませんね。

勝間　ここだけの話、政府が言うことは後付けですし、彼らの発言はポジショントークですからね。間違ったことは言っていないけど、それが自分の役に立つかといったら……。誰もがリスキリングしてＤＸがらみの資格を取らなくちゃいけないわけではない。校長先生の訓示のように、また何か言ってるな、と聞き流したほうが無難です。まともに聞くと右往左往させられかねませんから。政府の話より、身の回りの中年女性に、うまくいっていることや新しく始めた話を聞いたほうが参考になると思います。

――それでは今回のお薦めの一冊を教えてください。

勝間　『Ｔｈｉｎｋ ｒｉｇｈｔ　誤った先入観を捨て、よりよい選択をするための思考法』（ロルフ・ドベリ著、中村智子訳／サンマーク出版）をお勧めします。著者はスイス人の作家兼実業家で、ヨーロッパでは人気があるベストセラー作家です。

「過剰行動のワナ」を避けてよりよく生きる

勝間　この本の前に『Ｔｈｉｎｋ ｃｌｅａｒｌｙ　最新の学術研究から導いた、よりよい人生を送るための思考法』『Ｔｈｉｎｋ Ｓｍａｒｔ　間違った思い込みを避けて、賢く生き抜くための思考法』（ともにサンマーク出版）が売れたので、知っている人もいるかと思います。いずれも、よりよい人生を生きるための思考の法則が書かれていますが、『Ｔｈｉｎｋ ｒｉｇｈｔ』が今回の相談者のお悩みに最もフィットすると思います。

私たちはなぜ誤った判断をしてしまうのか？ そんな「思考のワナ」について、最新情報と学術的なエビデンスを基にまとめられています。

本を読んで、私が最も記憶に残っているのは、「過剰行動のワナ」の話です。サッカーのＰＫのシーンで、キーパーはキッカーが左右のどちらに蹴るかを予測して動きがちですが、実は真ん中にいてできるだけ動かないほうがセーブ率が上がるそうです。ついつい動いてしまう＝過剰行動をしてしまうから、キッカーに反対を突かれてしまうのだ、と。そうした過剰行動は、私たちにもありそうです。リスキリングという言葉に右往左往して、やみくもにプログラミングの講座に申し込むのは最たる例かもしれません。

ヒント

「中高年ならではの力」を生かせるスタートを考えよう

塾長のお薦め本

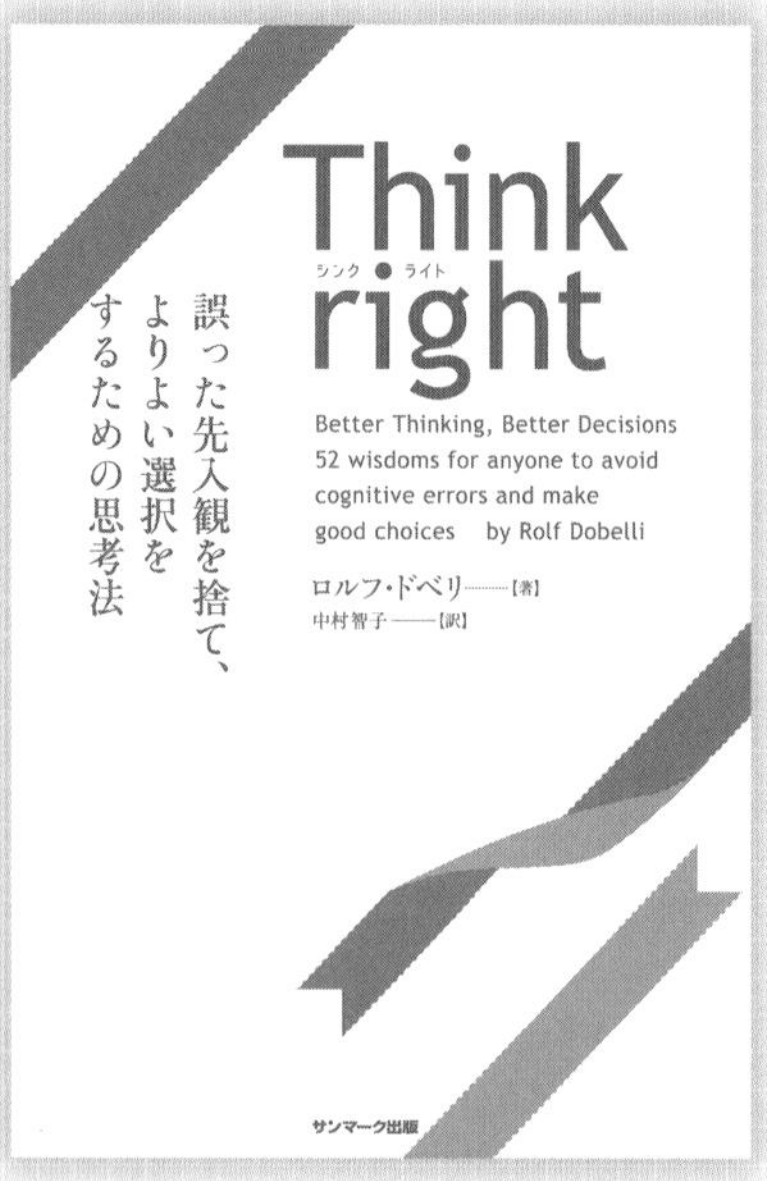

私たちはなぜ誤った判断をしてしまうのか？哲学や心理学など学術的なエビデンスをもとに、陥りやすい「思考の落とし穴」を知る

「Think right 誤った先入観を捨て、よりよい選択をするための思考法」

（ロルフ・ドベリ著、中村智子訳／サンマーク出版）

悩み 8

部署を転々としてきたので自分の強みが分からない

人と比べた強みではなく自分の中で相対的に得意なことを組み合わせる

中堅の製造会社に勤めていますが、数年にわたって給料が上がっていません。できれば転職か、せめて副業をしたい……。とはいえ、これまでいろいろな部署を転々とし、言われた仕事をそつなくこなしてきただけなので、これといった強みがありません。どうしたら自分の強みが見つけられるのでしょうか？

製造業・Yさん（45歳）

組み合わせれば市場に通用する強みになる

――自分の強みが分からない……なるほど。勝間さん、強みって誰にでもあるのでしょうか？

勝間　強みがない人などいません。たとえ他人と比べて秀でた強みはなくても、自分の中で相対的に強いことは必ずあります。それをいくつか組み合わせれば、「他人に負けない強み＝市場で通用する強み」になり得ます。

先日一緒にすき焼きを食べた友達の中に、投資ですごくもうけている人がいたんですね。すごくもうけているけど、損もしている。それでも続けられるのは、株価チャートを読む力や勝負勘だけではなく、リスクテイクができるから。「損をしながら徐々にもうけを増やしていけばいい」と考えられる忍耐強さがあるからです。せっかちな私には絶対できません。損してもいいけど3万円ぐらいまでって感じです（笑）。我慢強くリスクを取れる友達は、自分の中の相対的な強みを組み合わせて、他者に負けない強みにした好例だと思います。

ただ問題は、強みは自分では気付きにくい点です。本人にとっては、当たり前にできることだから気付きにくい。まるで息を吸って吐くようにできて、一生懸命やらなくても成果が上がることが強みです。人から褒められたり評価されたりすることが繰り返されないと、なかなか気付けません。

――気付きにくいことに気付くには、どうすれば？

どの部署で成果が上がったか、棚卸しをしてみる

勝間　まず、キャリアの棚卸しをしてみましょう。いろんな部署を転々としてきた人の場合、A

部署ではなかなか成果が上がらなかったけど、B部署では割と簡単に成果が上がったな、という違いがあるはずです。その場合、B部署でしていたことが強みを生かせる仕事だったということ。そうやって振り返ることで、自分の何を活用してうまくいったかが見えてきます。

――やってみます！ 棚卸しの他にも、何か良い方法はありますか？

勝間 強み探しツールとして、米ギャラップ社が開発した「ストレングス・ファインダー」という才能診断ツールが有名ですよね。ギャラップ社の公式サイトでアクセスコードを購入するとウェブ診断が受けられます。人の才能を学習欲や適応性、活発性、公平性など、34個の資質に分類して、どれが「上位の資質＝強み」かを分析してくれる。

自己診断なので客観性にやや欠けますが、「自分はこういうことが好きなんだ」ということが分かります。好きなことは、何度やっても苦にならないし、往々にして強みになっています。

勝間 他にも米ハーバード大学教授のハワード・ガードナー博士が提唱した「マルチプルインテリジェンス（多重知能理論）」のテストでは、言語的知能や空間的知能など8つ（※）に分類された知能に関する質問から、得意分野と不得意分野が分かります。マルチプルインテリジェンスのテストは、ネット上で診断可能です。

強みが分かったからといって、強みを生かせる仕事に就けるとは限りませんが、今の仕事でも力を発揮しやすいほうに寄せていけます。

※9分類の診断もある

右利きの人は右手を使ったほうがうまくいく

――自分の弱みを頑張って克服しよう、とは考えなくていいんでしょうか？

勝間 ストレングス・ファインダーの認定コーチが口をそろえて言うのは、「自分の強みに気付いて伸ばすのと同時に、弱みは捨てよ」ということ。生きていれば弱いところや苦手な分野に直面するものですが、弱みは強みを使ってカバーする。これは、右利きの人ができるだけ左手を使わないで、右手を使ったほうがラクなのと同じことです。

弱みを克服しようというのは日本的な考え方のようですが、グローバルでは強みをより重視します。だから、強みを知るためのいろんなテストが開発された、と。ちなみに私のストレングス・ファインダーの結果は、圧倒的に『学習欲』と『着想』が強かったですね。新しいことを考えるのが得意。私にとっては当たり前のことなので、言われてみればそうかなという感じでした。

多様性の時代　どんなニーズがあるかは分からない

――周りの人に「私の強みってなんだと思う？」と聞いてみるのはどうでしょう？

勝間 それもアリですね。ただ仲のいい人に聞くと、自分と似たような価値観の人たちの判断になるので、あえてあまり親しくない人に聞きましょう。ＳＮＳに過去の成功事例や特技をアップして、広く反応を見るのもお勧めです。

自分の強みは世の中の役に立ちそうにないと考えるのは早計です。多様性の時代ですから、いつ、どこに、どんなニーズがあるかは誰も想像し得ない。最近、ある人事担当者に聞いた話で、心底なるほど！ と思ったのは、人事のトレンドとして、「多少能力が劣ったとしても、その組織にとって新たな多様性をもたらす人材を雇え」という話です。そうすることで組織が活性化して、組織全体にとって有益な結果になる。

SNSを使って強みアピールの練習をする

――多様性ですか！ 意外なところにハマる可能性があるってことですね。あ、でもSNSはちょっと苦手かも……。

勝間　苦手だと思っても忘備録として蓄積していくと、日々の思考の整理ができて目指すべき方向がクリアになっていきます。あとで振り返るときの材料にもなるので、ぜひ積極的に活用してみてください。誹謗《ひぼう》中傷する人が出てきたら、ブロックすれば済む話です。圧倒的多数はまともな人で、その中から仕事のチャンスにつながることも十分あります。

Ｉｎｓｔａｇｒａｍでも Ｆａｃｅｂｏｏｋでも ｎｏｔｅでも何でもいいから、自分の強みを発信していくうちにいろいろな情報を集められるし、それを生かす場やチャンスをつかみやすくなりますよ。強みをアピールする練習ができるのもメリット。自分の強みを生かして仕事をしたいと考えているなら、アピールする練習は必須です。

いっそのこと、勝間和代がSNSをやらないとヤバイと言っていたからやる、と私のせいにしてくださって構いません。人は自発的には動きにくい生き物ですが、人に言われたらやるし、頑張りが利きますからね。何を隠そう、私が4年半前にYouTubeを始めたのも、たまたまYouTube日本代表の仲條亮子さんにお会いして直接、勧められたからでした。さすがに代表に言われてしないわけにはいきません（苦笑）。

そのおかげで、私の著書は読んだことないし、経済評論家としても知らないけど、ユーチューバーとしては認識している、という若い人が増えてきた。人に言われたからやるって、案外大事なことなんです。

ヒント 自分の強みを伸ばし、弱みは捨てる

塾長のお薦め本

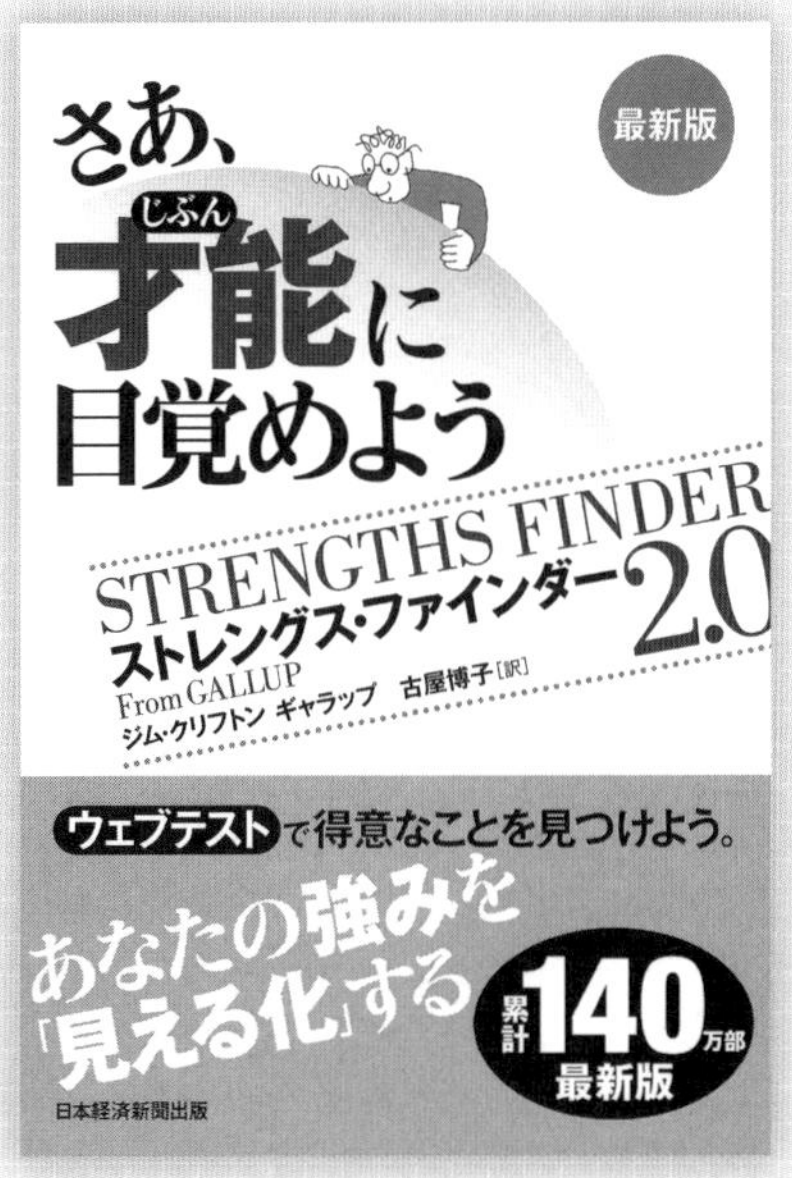

付属のアクセスコードを使ってテストすると、34に分類された資質から自分の持つ強みとそれを生かす行動アイデアが分かる

「さあ才能《じぶん》に目覚めよう
最新版ストレングス・ファインダー2.0」

（ジム・クリフトン、ギャラップ著、古屋博子訳、日本経済新聞出版）
ウェブテストが受けられるアクセスコード付き

悩み 9

仕事と介護に追われて自分のことを考える時間がない

1人で背負う前にできないことを手放す。時間の不足が判断を誤らせる

昨年から近くに住む両親が相次いで体調を崩し、通院の付き添いや日常の介助が必要に。一人っ子で他に頼れる親戚もなく、私以外にサポートする人がいません。仕事が終われば親の介護、自宅の家事・雑事に追われて、自分の時間が取れず、外に目を向ける余裕がない日々。親の体調が急変したら……と考えると外出の予定も立てにくくなっています。こんな閉塞的な状況ですが、どうしたら自分の時間やゆとりを持てるでしょうか？

メーカー勤務・Yさん（55歳）

自分ができる作業量の範囲を見極める

――親の介護が始まって時間的な余裕がなくなるという問題。1人を介護するだけでも大変なのに、両親の介護がほぼ同時に始まったという……。心身共に疲弊した様子が伝わってきます。

勝間　同世代の友達の間でも、仕事と介護の両立についてはよく話題になります。介護離職は社会問題化していますよね。私の場合、両親ともに他界していて、介護は40代で終わっています。4人きょうだいの末っ子で遅くに生まれた子だったので、介護が始まるタイミングは人より早めでした。主に親の世話をしたのは2番目の専業主婦の姉と、実家の近所に住む兄で、もう1人の姉と私は仕事があって家も離れていたので、手を貸せない分、経済的にサポートするようにして、みんなの負担のバランスを取りました。相談者さんも分担できるきょうだいがいればいいんですが、一人っ子で頼れる親戚もいない、と。そうなると、現状で自分の時間やゆとりを持つには、物理的にやることを減らすしかありません。

――時間を1日24時間以上に増やすことはできないし、睡眠時間などを削るやり方は心身を病むだけで健全ではありませんからね。

勝間　病むと相談者さん自身がつらいのはもちろん、パートナーや会社の人はもちろん、親にも不機嫌を振りまいて関係性が悪くなってしまいます。介護は親のためだからといっても、嫌々やられたら親も嫌なわけですよ。結果、お互いに文句を言い合っちゃうのです。

自分の時間は決して増えないので、自分が無理なくできる範囲はここまでと見極めて、できないことはしない、と線引きをすることが重要です。

相談者さんが時間に余裕を持つために考えるとしたら、①介護サービスを利用して自分が直接介護にあたる時間を減らす、②自宅の家事を家族に代わってもらったり、家事代行サービスを使ったりする、③介護のための短時間勤務や介護休暇、介護休業を利用する、といった選択肢が考えられます。早めに地域包括支援センターに相談して介護認定を受けられれば、ケアマネジャーさんを紹介してくれるはずです。せっかく介護保険制度があるんですから、利用しない手はありません。頼れる身内がいなくてもリソースは外にある。1人で背負う必要はありません。

——いっぱいいっぱいの状態だと思考停止状態に陥りがちですから、できるだけ公的サービスを利用してアウトソーシングできる先を探してみるといいかもしれませんね。

行動経済学が立証した欠乏が欠乏を生む悪循環

勝間　やることが多くて時間がないと、思考力や判断力に欠けて、処理能力が下がります。まず自分の作業量を見直して、少しでも余裕を取り戻したら、読んで欲しい本が「いつも『時間がない』あなたに—欠乏の行動経済学」（センディル・ムッライナタン、エルダー・シャフィール著、大田直子訳／早川書房）です。

著者2人は行動経済学者ですが難しい話ではなく、平たく言うと、時間がないといかに視野狭窄《きょうさく》になるか、ということを実験やテストで立証しています。

時間がないと、通常しないようなケアレスミスをして、「なんでこんなミスをしてしまったのだろう」と自信をなくし、やる気が減退しかねません。つまり、欠乏が欠乏を生むわけですが、現代人のほとんどはその悪循環に陥っている、と思います。

時間がない状態は物がいっぱいに詰まったトランク

――時間がないと、いろんな大切なものもなくすとは！　そのことに気付いていなかった。介護に限らず時間がなくてパツパツの人はいますよね。

勝間　この本に、旅行用トランクの比喩が出てきます。トランクに、物をパンパンに詰め込んじゃうと出し入れが大変で、何か取り出すにも時間がかかるしイライラしますよね。下手したら見つからなかったり、なくしたりすることもある。それに対して、物を減らしてスペースの余裕をつくれば、一見して何がどこにあるかが見渡せるため、出し入れがスムーズです。見つからないことも、なくすこともなく、ストレスがありません。

つまり、トランクが自分で、物がスケジュールということ。パンパンにすると、いかに非効率か分かりますよね。トランクにスペースの余裕をつくるように、スケジュールにもバッファーが必要。そうしないと、目の前のことしか見えなくて、週間や月間はおろか、その日のことすら見通せません。仕事も家事も介護もやらなくちゃいけない状況なのに、余裕がないと全体を見通せなくなります。

よく、1つのことに集中するのはいいことだといわれますが、集中すると他のことが考えられないという弱点があります。それをトンネリングといって、いわゆる視野狭窄を意味します。忙しさは視野狭窄も招くのです。

——視野狭窄の状態で効率アップを図っても、目の前のことしか効率化できず、中長期では何も改善しませんね。

勝間　目の前の効率ばかり求めると、かえって非効率になる。最大効率は最高効率ではありません。急ぎの仕事が飛び込んできたり、熱を出して体調を崩したり、生きていれば予定外のことは付き物ですよね。それらを吸収するにはバッファーが必要ですが、最大効率でスケジュールをパンパンにすると吸収できないのです。

突然のうれしいお誘いも、パンパンだと断らざるを得ません。そんな状態は、全然幸せじゃないですよね。楽しい予定を立てるにも、やはりバッファーが必要。最大効率ではなく、最高効率を意識することをお勧めします。

ヒント

最大効率ではなく、最高効率を意識する

塾長のお薦め本

時間がないと、いかに思考力や判断力、処理能力が下がるかを行動経済学者の２人が解説。欠乏の悪循環を断ち切る一冊

「いつも『時間がない』あなたに
―欠乏の行動経済学」

（センディル・ムッライナタン、エルダー・シャフィール著、
大田 直子訳／早川書房）

悩み 10

事業縮小、営業所統合…今の会社で定年まで大丈夫？

会社を見極めるポイントは業績と、働かない管理職がどれくらいいるか

新卒で今の会社に入り、勤続20年になります。人に恵まれ、社風も穏やかで居心地はいいのですが、このところ事業が縮小されたり、営業所が統合されたり、が続いています。総務、人事とバックオフィス系で仕事をしてきましたが、今の会社、今のポジションで定年まで走り切れるだろうか……正直、不安を感じています。

製造販売業・Mさん（42歳）

働かない管理職が多い会社は危険信号

――居心地はいい会社のようですが、定年まで乗り切れるのかと不安があるそうです。

勝間　これは勤めている会社次第です。会社がヤバいかどうかを見極めるにはまず業績ですが、

加えて働かない管理職や中間管理職がどのくらいいるかもポイントです。今は業績が伸びていなくても、新しい商品やサービスを次々に出す勢いがあればセーフ。勢いもなくて業績が悪い上、働かない管理職と中間管理職が山のようにいる会社は、遅かれ早かれ潰れます。

管理職や中間管理職はいていいんですよ、ちゃんと働いていれば。問題は働いていない場合。働かない管理職と中間管理職がいるとなぜダメかというと、彼らの給料分まで商品やサービスの代金に含まれて、高くなるからです。当然、市場競争に負けますよね。今の消費者は安くていいものしか買いませんし、よりいいものに対する情報感度も高いから、競争力のない商品やサービスはいずれ淘汰されます。

そういう会社は日本企業に多いような……、と想像する人が多いでしょう。外資系企業のほうが競争力が上だ、と。否定はできませんが、外資といっても千差万別で、本当にいい外資からとんでもない外資までいろいろです。古い体質と思われがちな日本の大企業でも、いい会社はある。もっと言うと、古い会社がダメで新興企業がいいというわけでもありません。

ただ、自分の勤務先がいい会社であっても、いつ吸収合併されてもいいように、定期的に転職情報などをチェックして、不測の事態に備えることは必要です。そうしないと「緊急脱出ボタン」を押せませんからね。

まず、業績の良しあしと、働かない管理職や中間管理職の有無で、自分が乗っている「船（会社)」が沈みそうかどうかをチェックしてください。

転職、起業または社内転職の道を探ってみる

――もし、「ヤバい、この船、沈むな」と思ったら、どうしたらいいでしょう?

勝間　他に沈まなさそうな船を探すか、自分で船をつくってこぎ出すか。つまり、転職活動をするか、独立活動をするか。いずれも、どんなにスキルやキャリアがあっても年齢が上になるほど不利になるので、早く動くのが鉄則です。

超高齢社会になってシルバー世代の雇用が増えているのも事実とはいえ、シルバー世代は年金をもらえる分、給料を低く設定されがちです。その世代に近づくほど給与水準が下がるケースが多いので、早めに動くに越したことはありません。

――転職も起業も今すぐは難しいと感じる人はどうしたら……。

勝間　今の会社でいかに出世できるかを考えてください。今は社内転職制度を設けている会社も増えていますよね。それに応募して、社内でより活躍できる方法を探す。転職して外に新たな居場所を探すより、社内で新しい居場所を探したほうが、自分を生かしやすいことは確かです。転職や起業をしたい人も、今いる会社での出世の仕方は知っておいたほうが役に立つと思います。

――転職か起業か、社内での出世か。どの道に進むにしても、身に付けておくといいことはあり

ますか？

生き残るためにはチームワーク力を磨く

勝間 もしバックオフィス系で生き残りたいと思っているのなら、DX（デジタルトランスフォーメーション）の指導ができないとほぼ無理と思っていたほうがいいですよ。何が言いたいかというと、これからあなたが競争する相手は人ではなくてAI（人工知能）だということ。AIに取って代わられそうなことをしていたら、どの道に進んでも生き残れません。

これから先、定型的な業務はどんどん減っていきます。生き残るのは人事や営業。経理はニュートラルで半々。どの業界がいい悪いというより、どの業界でも、DX化できた会社は生き残って、できなかった会社は死ぬ、という話です。

――DX化できない会社は死ぬ……。

勝間 あと、チームワーク力も磨いておいたほうがいいと思います。40代、50代は、個人の能力に加えて、チームワーキングにどれだけたけているかが評価の指標になるからです。ポイントは話が通じやすいこと。10言わないと10伝わらない人と、5言ったら10伝わる人なら、当然後者が好まれますよね。その意味で、聞く力は大事。

コンピューターと戦って、人間が最終的に勝てるのはコミュニケーション力です。ある程度のコミュニケーション能力があって、何かできる人なら、会社という船が沈んでも何か仕事はあるんですよ。

「社内営業」みたいに堅苦しく考えずに、隣の部署の人や取引先の人とも雑談することから始めてみてください。自分の枠を外して、枠の外に出るイメージで。雑談から意外な特技や能力の発見があって、それが新しいプロジェクトへの抜てきにつながったりするものです。

仲のいい友達と会ったときも、お互いの近況を報告し合いながら、仕事に関する情報を探ることも忘れずに。40代、50代になると、転職情報を得るのはクチコミが多くなりますからね。さりげなくアンテナを広げておきましょう。

私も、雑談はよくします。仕事って、たいてい変なところからやってきますから。

お金と健康に余裕があると選択の自由度が上がる

——今回のテーマについて考えるとしたら、どんな本がお薦めですか?

勝間　そうですねぇ、会社人生に対する悩みを解消する本として、『仕事は楽しいかね?』(デイル・ドーテン著、野津智子訳／きこ書房)ですかね。著者はアメリカの経済コラムニストで起業家・実務家でもあるデイル・ドーテン。自分の仕事観を見直せる名著です。

あとは、転職活動や独立活動をするなら、必ずお金と健康のバッファー(ゆとり)を取っておおきましょう。この2つさえあれば、先立つものと動ける体を確保できて、将来の選択の自由度が上がるので。

長年、私は一貫して、給料の2割を天引きして投資信託のドルコスト平均法で運用しましょう、と言い続けていますが、いつ収入が下がってもいいように備えておいて欲しいんですよね。特に転職や起業をする場合は、一時的に収入が下がる可能性が高くなりますから。

健康のバッファーの取り方は、スマートウオッチで体の中を「見える化」して管理するのが簡単です。ただ、歯は見える化できないので定期健診に行ってください。

——勝間さんは、3カ月に1度は歯の検診に行ってますよね。

勝間 ええ、実は直近の検診で1カ所、昔かぶせたものが取れかかっていると判明しまして……。将来の予測はできないけれど、リスクを低くするための予防はできる——なんてことを自分に言い聞かせました。

ヒント

緊急脱出ボタンを押せるように道を探っておく

塾長のお薦め本

「仕事は楽しいかね？」

（デイル・ドーテン著、野津智子訳／きこ書房）
※現在は絶版です

自分の仕事観を見直せる古典的名著。偶然出会った高名な実業家と「私」の対話の中に、働く悩みを解消する金言があふれている

悩み 11

「今年こそ」と目標を決めてもなかなか実行できない

実行できないのは意志が弱いからではなく「行動したくない理由」が裏にある

今年こそ「転職しよう！」「資格を取ろう！」と決意するものの、実行できないまま1年たってしまいました。転職エージェントを探したり、資格取得の教材を買うなど、最初の一歩は踏み出すのですが、急に仕事が忙しくなったりして、先送りになっちゃうんです。現在、45歳。キャリアアップもキャリアチェンジも早くしなければいけない、という焦りはあるんですが……。スパッと実行に移すコツがあれば教えてください。

流通業・Tさん（45歳）

「やらない」選択をしている理由を考えてみる

――転職や資格取得をしたいのになかなか実行に移せない、という悩みですね。焦りを感じているのに行動できないという気持ち、よーく分かります。私も実行しないままになった決意が山積みになっています。

勝間　転職や資格取得のための「最初の一歩」は踏み出せるのに、「二歩目」が出ないのは惜しいというか、もったいない！　どうしたら「二歩目」が出るようになるのか。と、その前にまず、出ない理由を考えましょう。

転職の場合、今や転職エージェントとの面談はオンラインでできる時代です。Web登録して希望日を入力するのに数分、かかっても10分程度ですよね。どんなに忙しくても、できるはず。それをしないのは、現状を変えたくない力が働いているから。

今の会社の仕事内容や給与に不満があるとしても、転職したら新しい環境に慣れるまでに時間がかかるし、人間関係も一から構築しなければならない。今の会社にいれば、そうした煩わしさはない。そもそも、転職しても給与が上がる保障はないし……。きっとそんなふうに考えて、辞められないのでしょう。変わることが不安なんだと思います。だから、辞めない選択をしているということです。

――辞めたいと思っているのに、実は「辞めない」ことを選択しているんですね。

自分の市場価値を知らないままでいたい

勝間　人には、何かをやることだけでなく、「やらない」ことにも必ず理由があって、やらないことで達成する「裏の目的」があるわけです。この相談者さんの場合、どこかで転職しないほうがメリットが大きいと感じている。今の会社にいるメリットを享受し続ける、というのが裏の目的でしょう。あともう1つ、自分の市場価値を知らないままでいたい、という現実から目を背ける目的も達成しているかもしれません。

現実は、ときに残酷なものですから、恐れる気持ちはよく分かります。知らなければ自分の可能性を信じられる。でも、怖いのは、現実を知らないからでもあります。実態や実状が分からないほうが、いらぬ想像が膨らんで、恐怖心も膨らみますよね。エイヤー！と、思い切って現実を知ったほうが、恐れから解放されて楽になれるんです。

やってみたら思いの外、自分の市場価値が高かったり、異業種で意外な適性があったりすることも十分あり得ます。もし望みどおりの転職先がなかったら、少しでも好条件の転職先が見つかるように資格を取るとか、あるいはコネを探すとか、新たな目標を手に入れられます。あるいは転職をやめて、今の会社でどうしたらいい仕事ができて給料が上がるかを考えることに集中する決断もできる。現状を打破するプラス材料でしかありません。

何事も、行動を起こすと、本当に必要な課題が見えてきます。その課題を1つひとつクリアしていけば、おのずと目標を達成できるわけです。

成功話を多く聞くことで自分にストーリーを植え付ける

――恐怖心をなくすにはどうしたらいいでしょう？

勝間　転職に成功した人の話をたくさん聞くのがお勧めです。年齢や業種など、自分との共通点が多い人の話のほうがより参考になる。成功した人の話を聞いて、頭の中に、転職して成功するストーリーを植え付けられれば、不安は自然に薄れるでしょう。

私も転職した経験がありますが、転職した先輩の話を聞き、彼女ができたのなら自分もできるんじゃないか、先輩の成功パターンを踏襲すれば自分も成功できるだろう、と思い描けたのが大きかった。独立したときも、身近で独立して成功した人の話をバンバン聞きました。

まずはリサーチした転職エージェントにアポを入れましょう。アポを入れるのは1社でなく、2社か3社、複数にすることをお勧めします。1社だと話が偏る可能性がありますが、複数なら納得度が上がる。状況をより正しく把握できるからです。恐れを克服するには現実を知るしかない。ネットで情報収集だけしていても結局、同じところをぐるぐる回るだけ。エージェントに会うという一つのアクションを起こして初めて次の情報を得られるのです。

――相談者さんは今45歳。好条件での転職を望むなら、早く行動したほうがいいですね。

勝間　悲しいかな、転職市場は年齢差別があるのが現実で、50代になると途端に厳しくなります。

45歳でも十分厳しいと思います。だから、早ければ早いほどいい。今月中といわず、今週末か、遅くとも次の週末までにエージェントのアポを入れる、とリミットを設けてください。相談者さんの場合、エージェント探しは済んでいるんですもんね。それなら、今日か明日にでもできるはずです。

――先延ばしにするのをやめて実行に移すために、お薦めの一冊を教えてください。

勝間 『なぜ人と組織は変われないのか――ハーバード流自己変革の理論と実践』（ロバート・キーガン、リサ・ラスコウ・レイヒー著、池村千秋訳／英治出版）です。米ハーバード大学の発達心理学と教育学の権威といわれる2人の教授が書いた本で、人が変わりたいのに変われないジレンマのメカニズムを解明してくれます。変革が進まないのは意志が弱いからではなく、「変化↕防御」という拮抗《きっこう》状態を解消できないからだと。対立する「裏の目的」を達成するための行動だと解き明かします。

誰の心にも見ないようにしている「ビッグベア」がいる

勝間 私は、この本が発売された2013年当時に読んで、著者の1人のキーガン教授が来日した時に開かれたワークショップにも参加しました。そのときに印象深かったのは、「誰の心の中にも〝ビッグベア（大きなクマ）〟がいる」という例えです。教授は、人の心の中には大きなクマがいて、みんなその存在に気付いているけど、直視すると悪さされる不安があるから、見ないようにしていると言っていて、なかなか秀逸な例えだと思いました。

——勝間さんの心の中にもビッグベアがいたんですか？

勝間　私の中にいたビッグベアは、学歴偏重です。自分の身の回りに学歴が高い人が多いから、40代後半ぐらいまでは、学歴が高い人＝優秀な人と思っていたんです。実際には、学歴が高くなくても優秀な人はいくらでもいるし、人柄や人望などの人間性も学歴とイコールではありませんよね。でも、学歴偏重だった私はイコールであってほしかったわけです。その考えがすっかりなくなった今となっては、どうしてそんな固定観念にとらわれていたのか、不思議なくらいです。

自分の心の中にいるビッグベアを見つめて、自分が変わることを阻む「裏の目的」を探ってみるといいと思います。

ヒント

自分が変わることを阻む「裏の目的」を探ってみる

塾長のお薦め本

なぜ
人と組織は
変われないのか
Immunity to Change
How to Overcome It and Unlock the Potential in Yourself and Your Organization
ハーバード流
自己変革の理論と実践
ロバート・キーガン Robert Kegan
リサ・ラスコウ・レイヒー Lisa Laskow Lahey
池村千秋 訳 Chiaki Ikemura
必要だとわかっていても
85%の人が
行動すら起こさない――?
『なぜ会社は変われないのか』『どうやって社員が会社を変えたのか』著者
柴田昌治氏 推薦
「免疫マップ」が本当の問題をあぶり出す！
発達心理学と教育学の権威が編み出した、究極の変革アプローチ
英治出版

変わろうと決意しても、なぜかそれに反する行動を取ってしまう心理的なメカニズムと、それを克服する実践的・具体的な方法を紹介

「なぜ人と組織は変われないのか
ハーバード流自己変革の理論と実践」

（ロバート・キーガン、リサ・ラスコウ・レイヒー著、
池村千秋訳／英治出版）

悩み
12

転職5社がすべてブラック企業、どうキャリアを積めば？

ブラック企業の正社員より、ホワイト企業の非正規社員を選ぶ

大学卒業後、大企業に勤めましたが出産で退職。30代後半で社会復帰したもののブラック企業ばかり。これまで転職を5回も繰り返してしまいました。いずれも正社員でしたが、低賃金で低待遇。今は求職中で、80社近く応募してもほとんど書類選考を通らず、面接を受けても全滅です。頑張ってきたのに、そんなに価値がないのかと。貧乏ばあさんになっている自分が目に浮かびます。これからどうキャリアを積めばいいのでしょうか。

求職中・Kさん（48歳）

30代後半から5回もブラック企業に転職

――ここ10年で5回もブラック企業に転職を繰り返したという求職中の方の悩みです。「貧乏ばあさんになっている自分が目に浮かぶ」と、絶望感が漂っていますが……。こういう状況に陥っ

た場合、何をどうすればいいのでしょうか。

勝間 まずいったん、落ち着きましょう。失業手当もありますし、失職して一時的に家計が赤字になるかもしれませんが、相談者さんが再就職するまでの話です。万一もし再就職できなくて、老後まで無職のままだったとしても、日本には公的年金制度があるから最低限の生活はできます。本当に生活に困ったら、生活保護という制度があるのも日本の素晴らしいところです。

人は自信をなくすと、自分以外の人はみんな自信があるように見えるものです。でも、誰しも自信なんてないけど、自信があるように振る舞っているのが実態です。将来の不安を抱えていない人など皆無で、仕事の悩み、お金の不安、子育ての問題、親の介護など、常にいろんな不安を抱えています。SNSに載せる自分は2割増し、3割増しが当たり前で、倍増する人も少なくありませんからね（笑）。それを見て落ち込む必要も、全くありません。

――80社近くに応募してもどこにも受からなくて、自分に価値はないのかと嘆いていますが、80社に応募できるガッツをたたえたいですよね。でも、なぜブラック企業ばかりに当たってしまうのでしょうか？

ブラック企業が正社員を募集する理由

勝間 自己価値や自己評価が低い人は、ブラック企業に尽くしてしまう傾向にあります。こんな自分は、低賃金で低待遇でもしょうがない、正社員として採用してもらっているだけありがたい、というように卑下しがちだからです。

その正社員採用というのは、雇用側の罠なんです。40代後半で特にキャリアがない人を正社員として雇うというのは、人が居付かない問題のある職場で、雇用側は長く働いてくれる人ならキャリアは問わない、と考えている可能性が高いです。非正規社員だとすぐ逃げられてしまうから、少しでも長くいてもらえるように正社員枠で募集する。管理職でない正社員は、低賃金・低待遇で雇えるから、ブラック企業にとって使い勝手がいいわけです。

――確かに！ ブラック企業だから正社員を募集している、と。じゃあ、この相談者さんは、どうしたらブラック企業に勤めなくてすみますか？

勝間　正社員にこだわってブラック企業に入ってズタボロにされるなら、非正規社員でホワイト企業に入ったほうがいい。求人情報を探すとき、非正規社員でもホワイト企業ならOKにするんです。自分には価値がない、と思い悩むことはありません。まず、ホワイトありきで転職先を探してみてください。一番の理想はホワイトの正社員ですが、40代後半ではコネを使わない限り引き当てるのは難しいのが現実です。だから、ホワイトな非正規社員を狙ってください。非正規社員でもホワイトなら、正社員になれる可能性もゼロではありません。

――考え方の優先順位を変えるということですね。心身の健康を保つためにも、「まずホワイトありき」を試す価値は高そうです。とはいえ、非正規社員で48歳からどうキャリアを積めばいいのでしょうか？

正社員じゃなくてもキャリアを積む方法はある

勝間　私の友人で、30代半ばで3人の子どもを連れて離婚した人がいるんですが、それこそ全く就職先がなく、生命保険の営業になりました。でも、今は銀行の正社員としてバリバリ働いています。彼女は生命保険会社に入ってもノルマをこなす程度しか営業をせずに社内研修を受けまくりました。狙いは金融の専門知識を身に付けること。次は法律事務所にパートタイム雇用で入って法律を学びました。結果、金融と法律に詳しくなったから、銀行の正社員として雇ってもらえたわけです。

――職場を、自分のスキルアップの場として考える発想が素晴らしい！

勝間　日本マクドナルドのアルバイトからアマゾンジャパンの倉庫管理マネジャーになった友人もいます。その人は、大卒で就職した企業を1年で辞めて、社会人フリーターとしてマックのバイトを始めました。店頭で注文を取ったり、調理をしたりするバイトです。数年後、正社員にならないかと誘われて、試験を受けたら合格。さらにエリアマネジャーになりました。業務内容はスタッフの管理です。アマゾンの倉庫管理マネジャーもスタッフの管理が主業務。だからすんなり転職できたと言っていました。

48歳からでも全く遅くありません。キャリアアップって、大企業の正社員じゃないとできないものではないんですよね。非正規社員やアルバイトからできることは彼女らが証明済み。キャリアアップをすごろくのように考えるといいと思います。ブックオフコーポレーションの2代目社長を務めた女性は、40代からパートタイマーで働き出して、店長を務めて正社員になり、常務取締役を経て、50代後半で代表取締役社長になりましたよね。他にも、専業主婦から起業して成功した人など、同様の成功例は枚挙にいとまがありません。

だからまず、ホワイトな職場を探してください。そこからリスタートすれば、自信も回復して、再び自分の可能性を信じられるようになるに違いありません。

――働きながらスキルを身に付けていけば、それがキャリアにつながるというわけですね。では、お薦めの一冊を教えてください。

ブラック企業を見分ける力をつける

勝間　二度とブラック企業の罠にハマりませんように、という思いを込めて、『ブラック企業 日本を食いつぶす妖怪』（今野晴貴著／文芸春秋）をお薦めします。2012年の刊行ですが、ブラック企業の本質は今も昔も変わりありません。多いパターンとその見分け方、間違って入ってしまったときの対処法も書かれていて、ブラック企業対策の教科書のような本です。この本に書かれていることは知っておくべきだと思います。

ブラック企業がなくなることはありません。法規制はされていますが、ブラックな人間がいる限り、ブラック企業も存在し続けます。だから見分ける力をつけて、近づかないようにするのが賢明です。

ヒント

正社員にこだわらずスキルが身に付く仕事を探す

塾長のお薦め本

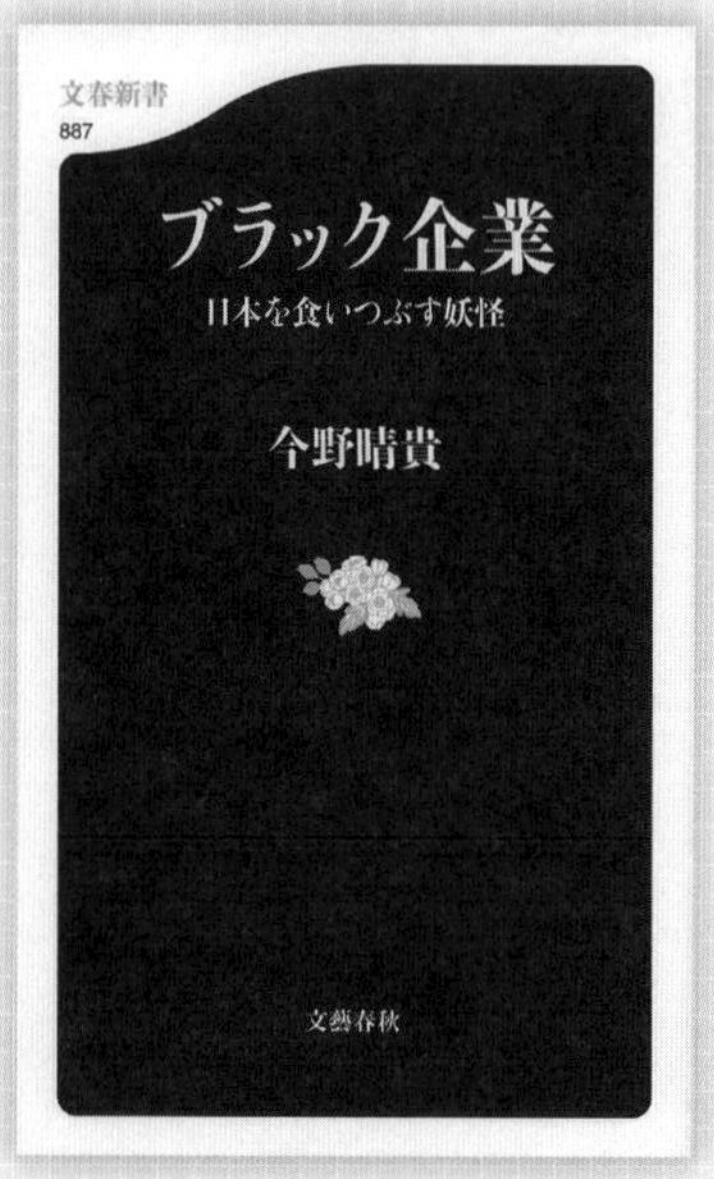

若者の労働相談に数多く関わってき著者が、事例をもとに「ブラック企業の見分け方」「入ってしまった後の対処法」を指南する

「ブラック企業
日本を食いつぶす妖怪」

（今野晴貴著／文芸春秋）

悩み
13

5年後に役職定年で減給、今の会社で働き続けるべき？

中長期の視点を持つことが大事。「やめる」も生存戦略

5年後、54歳で役職定年になります。その先は、マネジメント職を離れて働くことになり、60歳で定年。再雇用で65歳までは働けそうですが、段階的に給料が大幅ダウンし、現在とは部署も変わりそうです。それなら今から転職して、新しい道を見つけたいとも思いますが、総務職歴10年の自分が他の会社でどんな仕事ができるのか、分かりません。どう考えればいいのか、ヒントを教えてください。

運輸業・Mさん（49歳）

年齢を理由に役職を外され、減給される

――5年後の役職定年、10年後の定年後再雇用を見通して、今後の働き方に悩んでいます。役職定年になれば、昨日の部下が今日の上司になる可能性が高く、定年に向けて減給されていく。新

しいことに挑戦しようにも、いいアイデアが浮かばない、と。ネックになっているのは〝年齢の壁〟なのでしょうか。

勝間　総務職であれば、40代でも転職先にはそう困らないと思います。大企業では人材が豊富ですが、中小企業やベンチャーなどでは総務職を熟知している人が足りないと聞きます。雇ってくれるところはあるはずです。まずは転職エージェントに登録して、どんな転職先があるかリサーチしてみてください。

ベンチャーの場合は経営陣もスタッフも若い世代が中心なので、新しいシステムや若い人たちになじむことも条件に含まれますが、初めから「年下の上司」が存在する分には問題ありませんよね。役職定年になるときのように、昨日と今日で立場が逆転するわけではありませんから。悔しさや虚無感などのストレスを感じにくく、受け入れやすいと思います。

――確かに、転職したら自分は新人で、いろんなことを教えてもらう立場になるので、年下とか年上とか気にしている場合じゃなくなりますね。

役職定年がある会社に勤めるリスク

勝間　ぜひ考えてほしいのは、役職定年という制度がある会社に勤め続けていていいのか、ということです。

役職定年制は人材の新陳代謝を促して、人件費を削減するためにできた制度ですが、それはあくまで会社側の都合。米国では年齢差別に当たるので法律違反です。そもそも米国は、雇用時に年齢を条件にしてはいけないし、年を取ったから役職を解きます、なんてことを言ったら間違いなく訴えられます。米国だけでなく、グローバルに考えたら役職定年制度はコンプライアンス違反となる可能性もあるわけです。

日本でも、数年前から役職定年制度を廃止する企業が出始めています。ジョブ型を取り入れ、年齢による給与の引き下げをなくすなど、年齢にとらわれない人材活用を進めています。

人手不足かつ、人生１００年時代で労働年数が延びている現状から、今後も制度を見直す企業が増えることが考えられます。こうした時流を読めない企業は、評価も業績も下がる可能性があるでしょう。そういう会社に勤め続けるリスクを考えてほしいのです。

不本意な状態で働き続けると心身に負担がかかる

——相談者さんの気持ちを察するに、54歳で役職を解かれて減給されても、65歳まで雇ってもらえるなら我慢したほうがよさそう、という考えもあるのかもしれません。が、それは安定を選んでいるようで、実はリスクだということですね。

勝間　我慢って中長期的に続けられることではありませんよね。不本意な状態で働き続けたとしても心身に負担がかかって、体調を崩す可能性もあります。それで休職や離職を余儀なくされたら本末転倒です。

5年後を目標達成のポイントにする

勝間　相談者さんは、今から5年後のことを考えられる、中長期的視点を持っている方です。今の会社にいて年を重ねていくと損をすることは、私が言うまでもなく、分かっているでしょう。損をすると分かっているなら、損をしないように行動したほうがいいことも分かっていると思います。

私は勝間塾という、なりたい自分になれる学びの場と仲間を提供するコミュニティーを運営していますが、そこでも「5年後」を目標達成のポイントにしていて、塾生の皆さんには、中長期的に続けられることをしましょう、と話しています。それを積み重ねることが、目標を達成するということだからです。逆に、中長期的に続けられない我慢は、目標達成の邪魔をするもの、ということ。まずは転職の道を探ってみることをお勧めします。

もしリサーチした結果、今よりいい転職先がなかったら、会社に残ってもいいんです。それは、ただ不満を抱えながら我慢して会社に居続けるのとは違います。他社と比較検討した結果、今の会社が最適だと分かって納得できる。その納得感って大事なんですよ。

常に、内側からだけでなく外側から見ることが重要。そうすれば自然に選択肢が増えます。その上で納得して行動したのであれば、我慢ではありません。自分が選んだ選択肢を大切にしようと思えて、前向きになれるのです。

――なるほど。では最後に、相談者さんの行動力を後押しする一冊を教えてください。

やめること、諦めることも能力の1つ

勝間 『QUITTINGやめる力 最良の人生戦略』(ジュリア・ケラー著、児島修訳/日本経済新聞出版)です。著者はピュリツァー賞を受賞したジャーナリスト兼小説家で、自然界では「やめる」ことが最良の結果に結びつく、という行動原則について教えてくれます。

私たち人間は「やめる」ことに対して躊躇《ちゅうちょ》しがちですよね。やめるのは我慢や根性が足りないからと、負け犬や落伍者の烙印《らくいん》も押されかねません。しかし、生物は種の保存のために積極的に退避行動をとることがあります。

私の印象に強く残っているのは、やめることも諦めることも能力の1つで、高度なスキルである、という点です。人って、現状に不満があって不幸であると感じていても、実は何も行動しない人のほうが多いんですよね。なぜなら、現状のままでいる=何もしないでいるほうがラクだからです。

会社を辞めることはもちろん、人間関係の整理や離婚、引っ越しや生活習慣をやめることだって簡単ではなく、喪失感という痛みを伴う場合もあります。それも躊躇する一因ですが、より成長して幸せになるには、やめるスキルを磨くべきだ、と。人間も動物で、自然界の一部ですから、やめることが生存戦略になり得るわけです。

ヒント

我慢は続けられない。安定を選んだつもりがリスクに

塾長のお薦め本

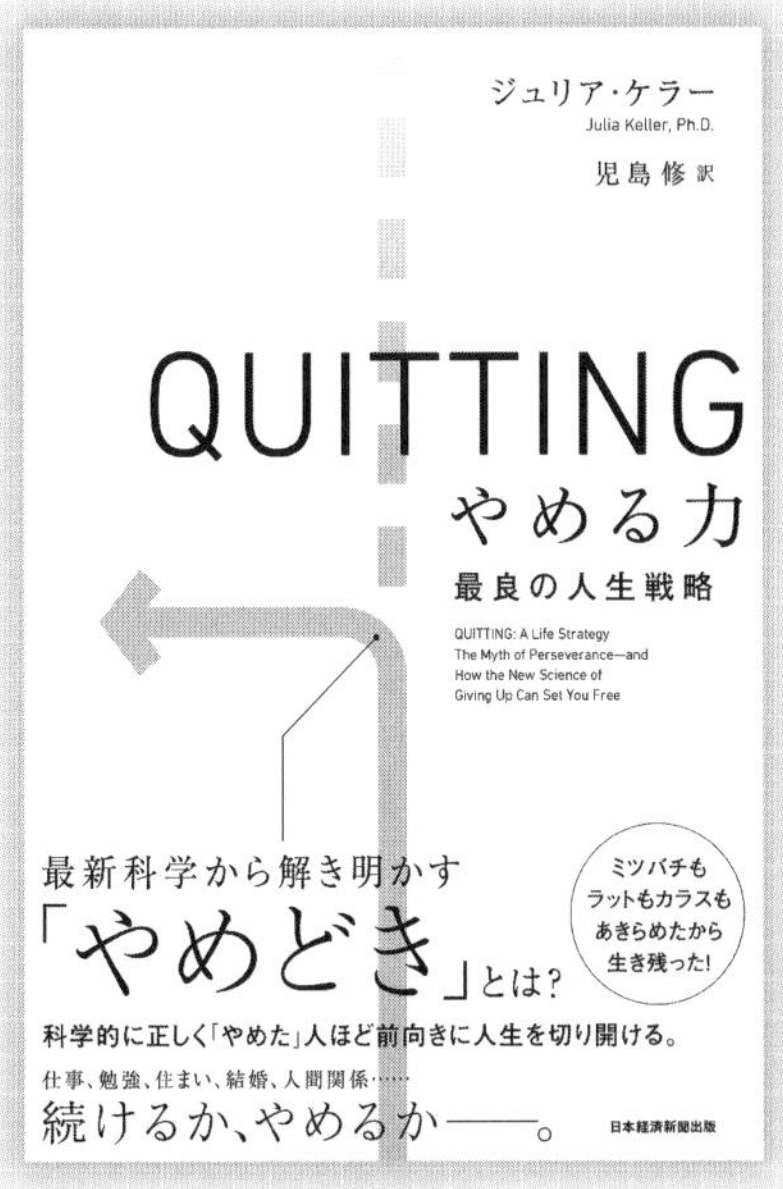
ジュリア・ケラー
Julia Keller, Ph.D.
児島修 訳
QUITTING
やめる力
最良の人生戦略
QUITTING: A Life Strategy
The Myth of Perseverance—and
How the New Science of
Giving Up Can Set You Free
最新科学から解き明かす
「やめどき」とは?
ミツバチも
ラットもカラスも
あきらめたから
生き残った!
科学的に正しく「やめた」人ほど前向きに人生を切り開ける。
仕事、勉強、住まい、結婚、人間関係……
続けるか、やめるか——。
日本経済新聞出版

自然界では「やめる」ことが最良の結果に結びつくという行動原則から、やめることへの罪悪感を解消し、後悔なくやめる方法を説く

「QUITTING やめる力
最良の人生戦略」

(ジュリア・ケラー著、児島修訳/日本経済新聞出版)

COLUMN

今の勤務先、働き方を変えたいときに大事なマインドセット

今の会社を辞めて、転職や独立をしたいけど、実行に移す勇気がなかなか出ない、という人は多いでしょう。でも実はそれ、勇気の問題ではなく、「保有効果」という心理現象のせいなんです。

保有効果とは行動経済学の概念で、自分が所有しているものに実際よりも高い価値を感じて、手放したくないと思うことです。古くなった服や靴も、妙な愛着を感じて捨てられないことがありますよね。今いる会社を辞められないのは、基本的にはそれと同じです。

常に自分の市場価値を把握する習慣を

今の会社の「実際の価値」を知るには、決算書などで業績の推移を見るのが一番手っ取り早いでしょう。右肩下がりで回復の見通しが立たないようなら、働きやすい職場だとしても、いつ会社が傾いてもいいように、転職活動や独立の準備をするのが賢明です。

理想をいうと、たとえ会社の業績が良くても、常に転職を視野に入れて、エージェントに登録して自分の市場価値を把握しておくべきです。転ばぬ先の杖として、必ず未来の自分の助けになります。自分の市場価値を常に把握することは、能力やスキルの過不足を定期的にチェックすることとイコールです。自己成長を促すきっかけにもなります。

第4章

定年後の働き方・独立の悩みには

組織の中で真面目に働き、
自分のことは後回しにして家庭でも尽くしてきた。
そんな人は、今こそ「自分が本当にしたいこと」に
踏み出していいのです。
組織や家庭から独り立ちするときの心構えを
勝間塾長が指南します。

悩み
14

仕事と家庭以外の「サードプレイス」が見つからない

気持ちの余裕＝時間の余裕をつくることから始める

会社と家の往復で、それ以外に自分の居場所がありません。これといった趣味もなく、出掛けるときはたいてい家族が一緒で、行き先も代わり映えしません。同じ40代の人たちのＳＮＳなどで、趣味やボランティアにイキイキ参加しているのを見ると、うらやましくなります。私もそうしたサードプレイスを見つけたいのですが、やりたいことがすぐに浮かばないのが現状です。サードプレイスはどうやって探せばいいでしょうか。

メーカー勤務・Ｍさん（47歳）

真面目な人ほど「役に立つことを」と思いがち

――年齢的に、子どもに手がかからなくなって、徐々に自分の時間が増えたことで、何か別の世界を持たなくてはと思い始めているのかも。その気持ち、よーく分かります。

勝間　うっかり、子どもが巣立った後や定年退職後の60代、70代の自分を想像しちゃったりして、妙に焦るんですよね。今のうちに何か始めないと、ボーッと老後を過ごすことになりそう、みたいな……。

でもね、いいんですよ、自分のペースで。そもそも、仕事と家庭を両立するだけでも相当大変なことなんですから。それができている時点で御の字！　それ以上、無理して何かをする必要なんてありませんよ。

真面目で有能な人ほど、「何かの役に立つことをしなくちゃいけない」と自分に課す傾向が強いと思います。会社でも家でも役に立つのが当たり前、という生活を送っているとそうなりがちでしょう。ゆっくり休むべきタイミングを見逃す、というか、休み方を忘れてしまっているので、疲れがたまる一方に……。

この相談者さんも平日に、仕事に時間を使いすぎている可能性が高いですよね。なぜなら、どんなに忙しくてもネットやテレビ、街のポスターや電車の中吊り広告、友人のSNSなど、趣味やサードプレイスにつながるヒントはいくらでも隠れているからです。それが目に留まらないということは、気持ちや時間の余裕がなくなっているのでは？　と思わずにはいられません。

――確かに、「やりたいことがすぐに浮かばない」と。気持ちや時間の余裕があれば、自然とやりたいことをやっているはず。それが浮かばないということは……何か良い方法はありますか？

捨ててしまった「好き」を拾い集めにいく

勝間　女性の場合は、お付き合いの延長線上に趣味やサードプレイスを見つける可能性が高いですよね。「最近、これにハマってるんだけど、一緒にどう？」「このイベント、面白そうだから行かない？」など。そうした「お友達プレッシャー」をうまく活用するのもいい。まずは仕事以外に友達や知り合いとのつながりを持つことから始めるといいかもしれません。

あるいは学生時代にしていたサークル活動を思い出して、それを再活用するのも手。新しいことを一から始めようとすると、それだけでハードルが高いけど、昔やっていたことなら手を付けやすいはず。旧友とのつながりも再開できれば、自然と行動範囲が広がります。

大事なことは、何プレイスであろうと、自分が心から楽しめること。その意味で、好きな歌手や俳優などの「推し」を持つだけでもいいわけです。昔好きだった音楽や映画、スポーツなどをヒントにすれば「推し」は見つけやすいはず。しばらくの間、忙しさと引き換えに、好きだったことを捨ててきたとしたら、それを拾い集めにいきましょう。

サードプレイスは自分が居心地のいい場所

勝間　ただ、気持ちや時間にゆとりがない状態で無理してサードプレイスを探そうとすると、それだけでさらに余裕がなくなります。仮に、何か見つけることができても、ちゃんと実行できないで終わりそうな……。

――確かに無理は禁物ですね。

勝間　だからまず、気持ちの余裕＝時間の余裕をつくることが先決。実は、今の自分に必要なのは近所の公園を散策したり、カフェで読書することかもしれませんよ。近所の公園やカフェだって立派なサードプレイスです。別に、人に自慢できるサードプレイスをつくる必要はないんですよ。「おひとりさま」時間を楽しむだけで十分。

もし、疲れて睡眠が足りてないなら、好きなアロマをたいたり、お気に入りの寝具をそろえたり。そうすることで自宅にも自分の新たな居場所＝サードプレイスはつくれるはず。自分の居心地の良さがサードプレイスのカギですから。

自然を感じて本来の自分を取り戻す

――なるほど、自宅や公園でもいいとは！　では、今回も相談者さんにお薦めする一冊を教えてください。

勝間　今回の相談者さんは気持ちの余裕がなさそうなので、『ＮＡＴＵＲＥ　ＦＩＸ　自然が最高の脳をつくる』（フローレンス・ウィリアムズ著、栗木さつき・森嶋マリ訳／ＮＨＫ出版）をお薦めします。森林浴やハイキングなど、自然と触れ合うことが脳にいいと科学的に立証した本で、都会で忙しく暮らしていると、脳の働きをはじめ感覚も体もいかに鈍るか、ということを教えてくれます。

近場の公園でも川べりでも、自然を感じられるところに行って、本来の状態を取り戻してください。この本によると、自然の風景を見ると脳波のα波が高まって、リラックス効果を得られます。さらに、自然の中を散策すると、ストレスホルモンのコルチゾール値が16％減少。血圧は1・9％、心拍数は4％低下するそうです。

死ぬときに後悔しそうなことは今、やっておく

勝間　自分がやりたいことというのは、感覚的に察知できるはず。それが分からないというのは、体か心のどこかで誤作動を起こしている可能性があるのかも。それを調整するきっかけとして、この本をぜひ活用してみてください。

――自然の中といえば、勝間さんのＳＮＳで千葉や軽井沢でツーリングを楽しんでいる投稿を見ました。バイクはもう乗らなくなったのかと思っていましたが……。再開したきっかけが何かあったんですか？

勝間　バイクは40代前半の5年間ぐらい乗っていましたが、その後ずっと遠ざかっていて、また

復活しました。ふと、5年後、10年後は体力的にバイクに乗るのが厳しくなるかもと想像して、このまま乗らないと死ぬときに後悔しそう、と思ったからです。死ぬときに後悔しそうなことは、減らしたいじゃないですか。それで再びバイクに乗るようになりました。

バイクは風を感じられて、本当に気持ちいいんですよね。移動時間が楽しくなります。もちろん、車でないと行けない遠方は車で行きますが、近場や都内の移動ならほとんどバイクで行きます。今日も会合があるんですが、ブ～ンと行ってきます。

ヒント

友人の誘いに乗る、昔好きだったことを再開する

塾長のお薦め本

森林浴や自然の風景を見るといったことが体や脳の機能にどんな影響を及ぼすかを科学的に解明。心の誤作動を調整するきっかけに

「NATURE FIX 自然が最高の脳をつくる
最新科学でわかった創造性と幸福感の高め方」

（フローレンス・ウィリアムズ著、栗木さつき・森嶋マリ訳
／NHK出版）

悩み 15

「安定が一番」と反対され、やりたいことに踏み出せない

いきなり会社を辞めないで、リスクを小さくして試しながら前進する

今の会社で真面目に30年働き、定年が延びてあと10年以上は働けます。ただ本当は、山が好きなので仲居さんなどをしながら山の近くで暮らしてみたいと思っています。そういう生き方をしたいなぁ、と母に話したら、「安定が一番」「会社を辞めてはだめ」と釘を刺されました。母は一人暮らしですが、今のところ元気なので介護の必要はありません。自分にも体力がまだある今がチャンスだと思いつつ、夢に向かって走り出せません。

金融業・Kさん（54歳）

自分のしたいことを自由にする権利がある

――第二の人生の夢があるのに、母親の反対にあってためらっている方の悩みです。こうした〝母親ブロック〟って、いくつになってもありますよね～。なんで、親の意見って聞いちゃうんで

しょうかね。聞き流したいのに妙に引っかかって、結果、言うことを聞くハメになるという……。

勝間　ずっと真面目に親の言うことを聞いてきた人ほど、それが当たり前になっているから、聞き流すのは難しいんですよね。言うことを聞かずに、自分のやりたいことを押し通した経験がなければ、反対されて心が折れるのも仕方のないことです。良くも悪くも、母親を頼りにして依存しちゃっているんですよね。

ただ、もう50代で、ちゃんと自活しているんですから、したいことをするのに親の了解を得る必要はありません。したいことを自由にする権利があります。だから反対されても、「お母さん、意見をどうもありがとう」と母親の気持ちを尊重しつつ、「でも私は夢をかなえたいと思っているから、優しく見守ってね」と、自分のしたいことを主張していいと思います。

夢を邪魔してくるドリームキラーを避ける

勝間　意見を聞いたほうがいいのは、母親がかつて50代で会社員を辞めて夢を追いかけたら経済的に困った、という同じような経験がある場合のみだと考えます。つまり、同じような体験に基づいた当事者性のあるアドバイスは聞く価値があり、「そう思う」「そう聞いた」ぐらいの当事者性がないアドバイスは無視してＯＫということです。これは親に限らず、ネガティブな言葉で自分の夢を邪魔してくる、いわゆるドリームキラー全般の対処法にもなります。

——新しいことをしようと思ったときに、「大丈夫なの？」「やめたほうがいいんじゃない？」と言ってくる人って、必ずいますよね。転職や独立、離婚、再婚など。下手したら、応援してくれる人より多いかも。確かにドリームキラーですね。だからこそ、当事者性の有無がカギになるのですね。

勝間　ドリームキラーは親やきょうだい、友人、学校の先生など身近な人に多いのが特徴で、「あなたのことが心配で」とか「あなたのためを思って」と言ってきます。仮に親身になってくれている様子が伝わってきても、当事者性がないアドバイスなら聞き流したほうが賢明です。単に善意からでも、自分には考えもつかないことだから否定する、あるいは心配するふりをして人の可能性をつぶそうとしているケースだってあります。当事者性のないアドバイスは「クソバイス」と覚えておきましょう。

——クソバイス！　名言（迷言？）いただきましたー（笑）。

退職金や年金を試算をしてお金の不安をなくす

勝間　あと、新しいチャレンジをするときには、リスクを小さくして少しずつ前進することも重要です。相談者さんの場合なら、会社を辞めずに休みを取って山で働いてみるといいと思います。ゴールデンウイークや夏休みなどの休暇を利用して、1、2週間やってみるのもいいでしょう。

行楽シーズンなら、短期でも働き口はたくさんあると思います。

——それは現実的なナイスアイデアです！　会社を辞めなければ、母親も反対できない。

勝間　休暇を利用してやってみて、やっぱり山の近くで暮らしたいと思いが募ったら、会社を辞める決断をしてください。その際、お金の計画を立ててくださいね。退職金はいくらもらえるか、年金は何年後からいくらもらえるか、運用している資産はどのくらいあって、配当はどのくらいになるかなど。それらを計算した上で、時給いくら以上のバイトを週に何時間すればお金に困ることはなさそうだな、と割り出すわけです。そうやって、お金の不安をなくしていくと夢により近づけます。

逆に、実際にやってみたらイメージと違った場合や、山は暮らすより旅行で行くほうが気楽でいいと思う場合もあります。どんなに好きなことも、仕事にすると楽しくなくなることはよくありますからね。そう思ったら、今まで通りの生活をするだけです。夢も、違うと思ったら戻ればいいんです。

——「お金の不安をなくすと夢により近づける」というのも、「違うと思ったら戻ればいい」というのも、相談者さんの気持ちに寄り添う言葉だと思います。さらに、お薦めの一冊を教えてください。

「幸せの基準は自分の中に置こう」と教える名著

勝間　ぜひ『嫌われる勇気　自己啓発の源流「アドラー」の教え』（岸見一郎、古賀史健著／ダイヤモンド社）を読んでほしいと思います。2013年に発売されて、いまだに売れ続けている名著です。私は発売されてわりとすぐに読みました。端的に言うと、自由になるためには人から嫌われろ、という内容の本で、「『あの人』の期待を満たすために生きてはいけない」という一節があります。

私が特に感銘を受けたのは、幸せの基準は自分の中に置こう、ということです。ついつい他人の目が気になって、いい評価を求めがちですが、他人から好かれるような行動が、自分の幸せにつながるとは限らないんですよね。そのために本心を隠したり、したいことを我慢したりしがちですから。もしかしたら、相談者さんも「お母さんにとっていい娘でいよう」という気持ちがあって、それがしたいことをするときに邪魔をするのかもしれません。

でも、50代の私たちは、健康寿命がそんなに長くないんです。定年を待つより行動するなら早いほうがいい。50代なら雇ってくれるところも見つかりやすいし、60代、70代まで働けます。だから、チャレンジするなら早いほうがいいんです。

もし、自分は何をしているときが幸せか、どういうときに幸せを感じるか、ということがぼやけていたら、紙やメモアプリに書き出して、いま一度確認してみましょう。そして、その幸せを増やす生き方をしてください。

ヒント

当事者の体験にひもづかない「クソバイス」は無視してOK

塾長のお薦め本

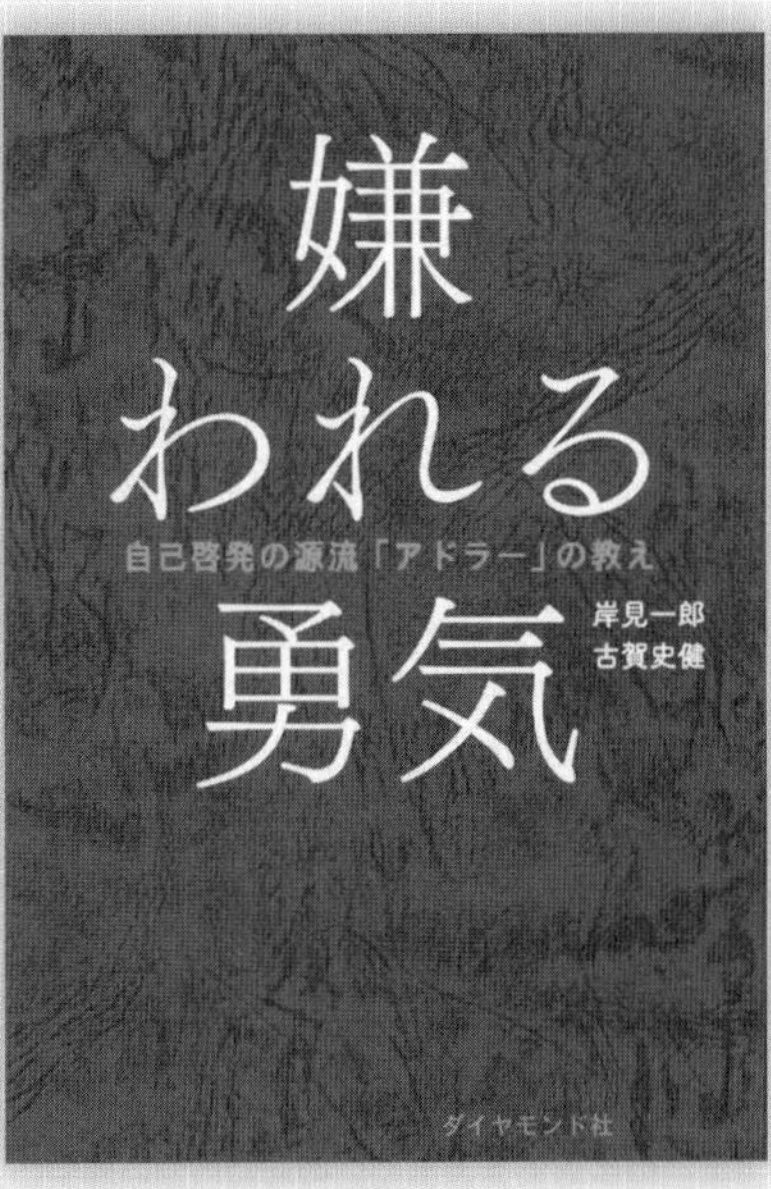

他人から好かれるような行動が、自分の幸せにつながるとは限らない。「幸せの基準は自分の中に置く」ことの大切さが分かる

「嫌われる勇気
自己啓発の源流「アドラー」の教え」

（岸見一郎、古賀史健著／ダイヤモンド社）

悩み
16

子育てが終わり離婚したいが、おひとりさまに不安も

家族の中での「役割」をやめて、1人の時間を持ってみる

昨年、次女が大学を卒業したのを機に、自分勝手で優しさのない夫と離婚したいと考えています。仕事もフルタイムになったので経済的にはなんとか暮らしていけますが、これからずっと、おひとりさまで年を取っていくことを考えると、不安にもなります。現在52歳。勝間さんのように楽しく生きるにはどうしたらいいですか？

通信業・Mさん（52歳）

離婚ではなく「卒婚」という選択肢もある

――今回は、離婚したいけれどおひとりさまの老後も不安、という方からのお悩みです。勝間さんは20代と30代で2回の結婚と離婚を経験されていますよね。相談者さんのケースについてはど

う思いますか？

勝間　配偶者とずっと一緒に暮らすか、いきなり離婚かという2択になっていますが、まずは一度、距離を置いて考えることをお勧めします。それも、すぐに家を借りて別居ではなく、長期で旅行に行ったり、数週間だけ短期賃貸マンションを借りたり。いわば「パートタイム別居」ですね。おひとりさま体験をしながら、自分の心の中をのぞいてみてください。

――あれ、スッパリと離婚をお勧め、ではないんですね。ちょっと意外でした。

勝間　もしこの方が、本当に夫が嫌で嫌で仕方ないのなら、とっくに離婚しているはずなんです。次女が大学を卒業、ということは、少なくとも夫と22年間は一緒にいるわけですよね。自分勝手で優しさのない夫とはいえ、本当にいなくなってしまったらどうなるか。世の中、思いやりがあって優しい夫のほうが少数派で、大概が自分勝手で優しさのない夫です（苦笑）。そんな夫でも、いったん離れてみたら、いないと寂しいと感じるかもしれません。

もしかしたら、夫が嫌というより、妻という役割が嫌になっているのでは？　いわゆる「卒婚」のタイミングかもしれません。

――卒婚というのは、戸籍上の婚姻関係は残したまま夫婦関係をリセットして、個々の人生を自由に謳歌《おうか》する、という夫婦関係のことですよね。

勝間　子どもが社会人になって母親としての役割に区切りがついたら、家庭内での役割を卒業したくなるのは、ある意味自然ですよね。結婚って、そもそも子どもを産んで育てるためには便利な仕組みですから。今までちゃんと家事をやってきて、夫の面倒も見てきた人ほど、そう思うものでしょう。この先もずっと面倒を見続けるのか、と思ったらゾッとして当然です。

――なるほど。夫の世話から卒業するんですね。

寝室、食事を別にしてほどよい距離感を探る

勝間 ただ、いきなり卒婚しましょう、というと大きな波風が立ちますから、夫とうまく距離を取ってみてはどうでしょうか。まず寝室を別にする、次は食事も別にするなど、どの距離感が一番心地いいか、段階的に試していくといいと思います。家の中で気にならない程度まで距離が置ければ、それでもいいわけです。

この距離感ならあと20、30年やっていけそう、というところでキープする。家事も自分が楽しい範囲に収めればいいんですよ。

ただ、そこに至るまでに夫との話し合いを避けては通れません。ま、離婚する気があるのなら、なんでもぶっちゃけて話せるはずですから、本音をぶつけるチャンスです。それで怒り狂うような夫なら別れちゃったほうがいい。逆に、ちゃんと話を聞いてくれて、どうしてそう思うのか、と理由を聞いてくれる夫なら、離婚は保留にしたほうがいいかも。今後の新たな関係性について

話し合えそうですから。

――話し合うことで、やっぱりダメなら離婚も決意できるし、新しい関係に踏み出せる可能性もあるわけですね。

50代で夫と娘、公認の「家出」をしてみた話

勝間　「いやー、これは厳しい」、と思って離婚を決めた場合、可能ならまずは娘さんと一緒に暮らすのがお勧めです。私は結婚を2回、離婚も2回していて、娘たちとの暮らし、パートナー&娘との暮らしなど、あらゆるパターンを経験していますが、実は一人暮らしって1年半ぐらいしかしていないんですよ。

――この方も、次女は昨年大学を卒業したばかりですから、離婚してもすぐおひとりさまにはならなそうですよね。今回の相談者にお薦めの本は何かありますか？

勝間　ドンピシャでお薦めなのがあります。知り合いの大野清美さんが書いた『「やめ主婦」はじめました！』（大野清美著／言視舎）です。

大野さんは50代で、夫と2人の娘さんの公認の〝家出〟をして主婦をやめ、フルマラソンに出るためのトレーニングやTOEICの勉強など、自分のやりたいことを実現した方です。私は本が出る前から、本人から直接聞いたり、ブログを読んだりして「やめ主婦」になるまでの経過を聞

いていました。

あるときふと、彼女はこのまま家事や通勤に「自分の時間」を搾取され続けていいのか、という疑問を感じたんです。それで、職場の近くに家を借りることに。そこで平日を過ごして自分のやりたいことに没頭して、週末は家族と過ごす生活に変えました。つまり、それまで通勤と家事に当てていた時間を、自分の時間に変えた、というわけです。

「やめ主婦」で家族が変わった

勝間　その決断力と行動力もさることながら、私が面白いと思ったのは、夫と娘さんたちとの関係が悪くならなかった上、彼らが自主的に家事をするようになったことです。
妻や母という役割を担っている立場からすると、自分がいなくなったら部屋が汚れて、洗濯物はたまり放題になる、みたいに思いがちですよね。でも、やってくれる人がいなくなれば、嫌々でもなんでも、自分たちでするもの。いなきゃいないで、なんとかなるんです。
——今回の相談者さんも経済的な余裕はあるようですから、「やめ主婦」になるべく、一人暮らし用の部屋を借りるのもアリですね。
勝間　私も結婚していたとき、一人暮らし用の部屋を借りていたことがありました。6畳1間でも古くても、なんでもいいんです。とにかく1人になれることが大事。1人の時間を持って、自分の好きなことに時間を費やしてみると、おひとりさま不安も解消されるかもしれません。
1人の時間を持つメリットは、自分の時間を持てるだけではなくて、家族と一緒にいる時間も意外と悪くないな、と思えること。自分の時間と同じように、家族との時間も大切だったな、という気付きを得られるんです。案外、夫との暮らしも悪くなかった、なんて思うこともあるかもしれません。

――いろいろな生き方の選択ができる時代ですものね。

勝間 一昔前なら、結婚した女性が一人暮らしをするなんて白い目で見られる対象で、なかなかできることではなかったですよね。でも今は逆に、「すごい！」「私もまねしたい！」と言われる時代です。実際、大野さんも「やめ主婦」についてブログを書いたら1日6万PVも読まれるなど話題になって、本を出版することになりましたからね。その後もラジオ番組に出たりトークイベントを開いたり。人生、何がどこでどう花開くか、分からないからこそ面白いですね。

ヒント
離婚の前に「パートタイム別居」でほどよい距離を探る

塾長のお薦め本

主婦をやめ、家族公認で“家出”した著者の体験記。自分や家族に起きた変化がリアルにつづられ、その行動力に勇気づけられる

「「やめ主婦」はじめました！」

（大野清美著／言視舎）

悩み 17

フリーランスになって仕事を増やすにはどうすればいい？

「価格以上」の価値を出すと、顧客が次の仕事を紹介してくれる

昨年、会社を辞めてフリーランスになりました。現在は週3日、業務委託契約で仕事をしていますが、それ以外は単発の受注が多く収入的に厳しいです。エージェントなどから打診はあるものの、なかなか安定した仕事につながりません。空いた時間は関連するアルバイトをしていますが、本来はこの時間で営業すべきだと思いつつ、どう動いたらいいのか分からなくなっています。フリーランスで仕事を増やすにはどうすればいいですか。　フリーランス・Kさん（50歳）

「仕事の成果が営業になる」と意識する

——会社を辞めてフリーランスになったものの、収入を確保するためにバイトをすると、本業の営業ができなくなる、という非常に悩ましい状況のようです。一時的に収入が下がるのを覚悟で、

営業したほうがいいんでしょうか？

勝間　業種によらず、フリーランスの人は、基本的に営業してはいけません。じゃあ、新規のお客さんはどこからやってくるかというと、前のお客さんからの紹介なんです。いい仕事をすればリピートされ、評判が口コミで広がって新規のオファーにつながるから、自ら営業する必要がなくなるのです。発注者たちは、社内や同業者間で発注先の情報をシェアしているもので、腕が良ければお薦めの発注先として評判が広がり、新規顧客の獲得につながります。

つまり、営業は顧客がやってくれる。顧客によるクチコミがフリーランスにとっての営業です。そうなるためには、まず「仕事の成果が営業になる」という意識を持つこと。顧客をつかむ前にフリーになった人は営業する必要がありますが、それも最初の数回で済むはずです。

私が好きなファミリーレストラン「サイゼリヤ」は宣伝費をかけないことで有名ですが、新規オープン店だけ地域にチラシをまき、それ以降は一切しないそうです。広告宣伝費にお金をかけるなら、一度来てもらってリピートしてもらえるように商品開発にお金をかけたほうがいい、という考え方のようです。

安くするのではなく、価格以上の価値を出す

――そうなんですね！　リピートされる人になるにはどうしたら？

勝間 「お値段以上」の働きをするように心掛けることです。報酬を下げても「安かろう悪かろう」では話になりませんし、価格相当でも顧客がリピートする理由にはなりません。私は「値段の倍」と言っていますが、値段の2倍の質にして初めて人から価値があると判断されます。「この報酬なら、この程度の働きで十分だろう」という仕事の仕方ではリピートも紹介もされません。「これで十分かな」と思うレベルの倍の質を目指さないと仕事を増やすことにつながりません。

「スーパーマーケット オオゼキ」がいつも混んでいるのも、安いのに質がいいから。「ユニクロ」にも同じことが言えます。いずれも、単に安いからではなく、値段以上に質がいいから選ばれ続けるわけです。フリーランスも、安くしたら仕事がくるわけではありません。市場価格より安過ぎると、発注者は「品質が良くないのでは」と不安を覚えます。価格は市場の相場価格であり、その価格以上の価値を生み出すことがリピートと紹介につながる。つまり、「価格以上の仕事をする」ことがリピートしてもらうための営業だと考えてください。

リピートのない顧客にフィードバックしてもらう

――なるほど～。具体的に価格以上の価値を生み出すには、どうしたらいいのでしょう。

勝間 まず、どうしたら価格以上の品質を提供できるようになるか研究すべきですよね。リピーターが多い同業者を研究することも1つの方法です。さらに、一度は発注されたけどリピートされなかった顧客に、フィードバックをしてもらうといいでしょう。勇気が要ることですが、リピートされる人になる早道です。

私の友人はフリーで講演活動をしていますが、最初の1回は大企業を相手にタダ同然で講演を行い、リピートを繰り返して講演料を上げていき、今は全国を飛び回っています。彼女は依頼を受けた企業の製品を事細かく調べ上げ、さらにコーポレートカラーのスーツを着て登壇します。そこまで気配りして講演の質も良ければリピートされますよね。最初の1回は無料でもいいから引き受けて、そこからリピートを生むというのも方法です。

自分の実績をまとめておくと紹介されやすくなる

勝間　あとは、ホームページやSNSで「何ができて、どんな仕事をしているか」をまとめておく。これは営業的な意味合いもありますが、本来の目的は「紹介者が紹介しやすくする」ためです。仕事の実績や特徴がまとまっていれば、「誰かいい人いない？」と聞かれたときに、URLをポンとメールで送れば済みますよね。

アクセス数が多くて人目に付きやすいという意味では、今はYouTubeが最も効果的です。動画だからといって自分が出演して話す必要はなく、テロップや静止画をつなげて展開する人も多い。チャンネルを開設してすぐ反応があるとは限りませんが、開設しておけば誰かが見てくれて、いつか何かにつながると思います。私も、SNSを始めたばかりの頃はそれぐらいの気持ちでした。SNSは入り口なので、クチコミで広がって十分な顧客を獲得できれば、そこまで熱心にやる必要はありません。一件一件の仕事を丁寧にやることのほうが大事です。

フリーランスで働くための必読書

——顧客を研究して自分の仕事の質を上げていくことですね。それではフリーランスにお薦めの本を教えてください。

勝間 初版は2002年、新装版は14年と結構古い本なんですが、有名かつ名著の『フリーエージェント社会の到来 新装版 組織に雇われない新しい働き方』(ダニエル・ピンク著、玄田有史序文、池村千秋訳/ダイヤモンド社)です。フリーランスや起業関連の書籍は多くて、どれを読んだらいいか迷うし、うっかりしたものを参考にしたら逆効果になりかねないので、フリーランス本の原点といえるこの一冊を勧めます。

著者は、米国上院議員の経済政策担当補佐官や、ゴア元副大統領の首席スピーチライターを務めたあとに、フリーランスになった人。20年前に、組織に属する生き方の終焉《しゅうえん》を明言し、フリーランスや起業する人が増える社会が訪れると、予言書なみに未来を言い当てているから驚きです。

私は初版の発売当時に読みました。会社員だった頃ですが、独立を視野に入れて動き出した準備期間だったと思います。今読んでも衰えのない内容で、フリーランスで働く人の実態も分かるので、フリーランスなら絶対読むべき一冊です。フリーランスのほうが自分の実力を発揮しやすいことについても丁寧に説明しているので、読んでいて励みになるのも名著ゆえだと思います。

ヒント

最初の1回は無料でもそこからリピートを呼ぶ

塾長のお薦め本

20年前に、組織にとらわれて働く時代は終わったと未来を言い当てている先見性の高さに驚く。フリーランスの入門書

「フリーエージェント社会の到来 新装版
組織に雇われない新しい働き方」

（ダニエル・ピンク著、玄田有史序文、池村千秋訳
／ダイヤモンド社）

COLUMN

組織を離れてフリーになるときに大事なマインドセット

雇われない生き方というのは、顧客開拓から安定収入を得るまで、時間と手間がかかるものです。起業して会社を設立する場合はもちろん、個人事業主になる場合も同じです。どの業種にもライバルはたくさんいるので、自分の強みを伸ばして、競争力を高めなくてはいけないからです。

その時間と手間を省こうとすると、たいてい失敗します。もしくは、「フリーランスでラクに〇千万円を稼ぐ方法」などといった詐欺に遭うリスクが高まります。詐欺の手口は年々巧妙になっているから、本当に注意が必要です。「登録料や利用料を払えば、仕事を紹介します」というも誘いも要注意。仕事はお金を得る手段です。お金を出させようとするのは、詐欺だと疑うのが正解です。

フリーランスで成功している人の話を聞く

雇われない生き方には、自分が主体となって開拓していくマインドが必要不可欠です。会社に所属しているときからテストマーケティングをしておくといいでしょう。フリーランスになって成功している人の話を聞くことも重要です。成功談から、自分だったらどうするかイメージを膨らませることができるからです。勝間塾では夢をかなえる期間として「5年後」を掲げていますが、会社を辞めて独立する場合も、助走期間を含めて5年かけるといいと思います。

第5章

老後のお金・カラダの悩みには

今後の人生で「お金」に心配がなく、
「健康な体」を維持できていれば、
望む仕事で稼いで行こう、と踏み切れます。
これら2つはいずれも勝間塾長の得意分野。
誰もが知っておきたい大事なことをまとめてお伝えします。

悩み
18

老後のお金が不安、2000万円は本当に必要？

自分が必要な資金を割り出しつつ、働き続けられる老後を考える

定年までに「老後資金2000万円をためろ」と言われていますが、本当に必要なのでしょうか？逆に、2000万円あれば大丈夫なのか……。年金以外に、不動産収入があるわけでもないですし、今から老後が不安です。定年後のお金について、何をどう考えておけばいいのか教えてください。

小売業・Yさん（44歳）

2000万円はすべての人に当てはまる額ではない

――定年後のお金問題についてこんな悩みが届いています。

勝間　「老後資金2000万円問題」というのは2019年に金融庁が行った、夫65歳以上、妻60

歳以上の無職の夫婦が年金で暮らす場合をモデルに試算した老後資金の不足額です。インパクトのある数字だったため一人歩きしましたが、そもそも全員に該当する数字ではありません。老後の生活は、年金を含む収入と支出の収支バランスを取る、というのが正しい考え方です。

まず定年退職後、年金を含む老後の収入が自分1人もしくは夫婦2人でいくらあって、それから月々の生活費を引くとどうなるのか、という計算をしてみてください。教育費などの支出はなくなりますよね。実家に戻ったり、郊外に引っ越したりする予定の人は、それらも踏まえて生活費にいくらかかるかを考えてみてください。

その計算で、年金などの収入から支出を引いた結果がどのくらいマイナスになるかということ。プラスになれば、理論上、老後資金をためておく必要はありません。マイナスになる場合は、その不足額によっては2000万円あっても足りなくなる恐れがあります。

貯金残高が目減りするという恐怖との闘い

勝間　仮に老後資金が2000万円あった場合、「年金−生活費」の不足額が月3万円なら、2000万÷(3万円×12カ月)で、理論上、55年以上は補えますから、貯金が底をつく心配はありません。月4万円の場合は微妙で補えるのは約41年、うっかりすると生きている可能性があります。「うっかり」とネガティブな言い方をしましたが、長生きすればするほど、貯金残高が目減りする恐怖と闘うことになるわけです。

不足額が月5万円になると補えるのは約33年で、相当微妙です。平均寿命は男性81・05歳、女性87・09歳（いずれも2022年）ですが、周囲に90代の人が多くありませんか？ 仮に、平均寿命どおりに死ぬとしても、残高が目減りする恐怖から逃れられず、精神衛生上よくありません。

——「年金−生活費」の不足額がやや多めだけど、精神衛生上はいい老後を送りたい……。そんな欲張りな願望をかなえるために、今できることはなんでしょう？

勝間　今は収入があるのだから、まずは老後の資金を増やしていくことですよね。「年金−生活費」の計算でマイナスがどのくらいあるかが分かって、2000万円じゃ足りないことが分かったとします。自分の生活に合わせた金額を割り出して、それを目標にして老後資金を増やすのが1つのやり方だと思います。

生活費といっても、自分の生活態度次第で、必要な額は変わりますよね。私も現役の間は東京にも家を借り続けますが、老後は千葉で暮らすのもいいなと思ったりします。私が70歳や80歳になる頃、東京に住んでいなくても全然困らない世の中になっていると思うんですよ。50代半ばの今もすでに、東京にいなくてもあまり困らないですし。

思うに、皆さん使い過ぎなんですよ。大手企業に勤めている人ほど、周りが使っているからと、ついつい高い物を買いがちです。かくいう私も外資系金融に勤めていた時代は周りがガンガン使う人ばかりで、スーツ1着20万円が基本みたいな感じでしたが（苦笑）。

今は無駄を省こうと思えば、いろんなことを省略できる時代です。私も服を買うのはユニクロやGUで、仕事着や外出着はファッションレンタルサービスのエアークローゼットを愛用しています。車もレンタカーやカーシェアを利用すれば安く済みます。そうやって1つひとつ無駄を省いて貯蓄や運用に回すことが、老後に対する漠然とした不安の解消につながります。

――ああ、耳が痛い〜。でも、確かに無駄な出費が多いですね。まずは自分の必要額を考えてみます。他にも今のうちから何かできることありますか？

自分のイメージする幸せな老後モデルは？

勝間　皆さんにぜひしてほしいのは、「こういう老後を送りたいな」というイメージに近い暮らしをしている幸せな高齢者を探して観察することです。経済状況、子どもたちとの関係性や友達の有無、仕事やボランティア、運動、趣味、SNSをしているかどうかなど。私にも何人かロールモデルがいますが、共通しているのは皆さん働いていることです。

今の80歳より、未来の80歳のほうがずっと元気だと思うんです。私は今、55歳ですけど、昔抱いていた50代のイメージよりだいぶ元気だな、と実感しています。昔の50代って、フネさんですよ、サザエさんのお母さん（笑）。もしかしたら、未来の80代は今の60代ぐらいかも。もしそうなら、ジッとしてないで働いていたくないですか？

60歳定年というのは、人生80年時代には合っていましたが、人生１００年時代の今には合っていないんですよね。考え方を人生１００年時代にシフトしたほうが、断然幸せな老後を過ごせると思います。

私は90歳ぐらいまでは、執筆活動や動画配信をするつもりでいます。30年先には、紙の本も電子書籍もなくなって、長編動画に取って代わっているかもしれませんし、ＹｏｕＴｕｂｅではなく他のプラットフォームになっている可能性は高いですが、何かしら発信する場はあると思うので。

――勝間さんなら90歳まで働けるかもしれませんが、会社員の場合はどうなんでしょう？　働ける場所があるのかな……。

現役時代と同じように稼ごうとする必要はない

勝間　老後に、現役時代と同じようにがっちり稼ごうとする必要はないんです。「年金―生活費」の不足分だけ働けばＯＫ。その手段は何があるのか、と今のうちから調べておくと安心でしょう。

例えばですが、私がよく行くそばチェーン店「ゆで太郎」は、積極的に高齢者を雇っています。なぜなら、高齢者のほうが熟練のそば職人っぽく見えて、おいしそうなイメージにつながるから！　それを聞いて、ますますゆで太郎が好きになりました。

一体いくつまで働かなくちゃいけないんだ、と嘆く気持ちも分かりますが、それは今はまだ若くてタスクが山積みだから。高齢になったら、働くことが生きがいや楽しみに変わるはずです。たとえ月2、3万円でもお金が入ると、目減りするお金を抑えられるだけじゃなくて、年を取っても社会の役に立っていると感じる意味でも精神衛生上いい。

それを体現されている、大正生まれの現役看護師で、高齢者施設で働く池田きぬさんの著書、『死ぬまで、働く。』（池田きぬ著／すばる舎）を読むと、定年に対する考え方が一変するでしょう。私はわりと最近読んで、きぬさんのファンになりました。

老後に働く理由はお金のためだけじゃない

勝間　きぬさんを雇う高齢者施設側も、入所者の気持ちが分かるスタッフに働いてもらったほうが評判が上がる。また、入所者の多くはきぬさんより年下だから、自分も頑張らなくちゃいけない、といい刺激になることもメリットです。さらに、彼女を慕っていろんな人材が集まってくるそうで、高齢になっても元気で働けるのは、一種のブランドなんだなぁと思いました。若い人にはない経験が武器として加わりますから、強いんですよね。

働き続けることのメリットはお金を得ることだけではなくて、人との触れ合いや社会参加できているという実感を得られることも大きい。余りあるほどお金があっても孤独で、社会に見放されているような疎外感を感じていたら、幸せな老後とはいえません。お金を使うだけの生活はつらいと思います。

かつて理想とされたハッピーリタイアを人生１００年時代の今しても、飽きるんですよ。大好きなゴルフや旅行を毎日のようにして楽しいのは最初のうちだけで、すればするほどお金はなくなりますからね。

ヒント

老後に必要なのはお金だけじゃない

塾長のお薦め本

看護師、保健師として活躍し、75歳でケアマネジャー試験に合格。100歳近くまで現役で働いた著者の生き方に働くことの意味を知る

「死ぬまで、働く。」

（池田きぬ著／すばる舎）

悩み
19

無駄遣いしていないつもりでもお金がたまらない

2割を運用に回したら残りは使い切ってOK 使い道は使用頻度と原価構造で考える

現在45歳で、夫婦合わせて年収は1000万、貯蓄は500万。中学2年生の子どもの教育費をはじめ、食費やら保険料やら出費が多く、無駄遣いをしていないつもりでも、なかなかお金がたまりません。家計を見直すポイントを教えてください。

情報通信業・Kさん(45歳)

無理して節約するとリバウンドして「衝動買い」

――今回は、家計のやりくりに関するお悩みです。お金って、気付くとなくなっているんですよね。無駄遣いしているわけじゃないのに、おかしい……。

勝間 私も20代のときはカツカツでした。出費がかさんで何度頭を抱えたことか……。そんな状態から年齢とともに少しずつシフトして、お金との上手な付き合い方ができるようになりました。その極意は、なんでもかんでも切り詰める「節約の鬼」にならないことです。

私が一貫してお勧めしているのは月収の1割、できたら2割を貯蓄か運用に回すこと。今、年収が1000万円ならば毎年100万〜200万円ずつためる計算です。それをすれば残りの9〜8割のお金は使い切ってOKです。

お金は、ためるばかりが能じゃなくて、ためると使うとのメリハリをつけることが重要。節約の鬼になってお金をためても、生活幸福度が下がったら身も蓋もありません。頑張って節約しても、持続可能なやり方でなければ、無理した反動は必ず、衝動買いというリバウンドにつながります。

家計のやりくりもサステナビリティーを意識しましょう。具体的にはまず、年収の1〜2割を貯蓄・運用に回し、家賃（住宅ローン）2割、衣料費1割、食費1・5割、光熱費・通信費は0・5割、教育費2割、雑費1割、小遣い0・5割と、各費目がこの割合に収まっているかチェックしてみてください。

終身保険はデフォルトではない

――あれ？　勝間さん、交際費や車の維持費、生命保険料は？

勝間　いずれも、デフォルトの費目として考える必要はありません。自家用車も自分で車を持つより、カーシェアやレンタカーを利用したほうが安く済みます。生命保険はみんなかけ過ぎです。

終身保険は大黒柱を失ったときの救済措置なので、共働きである程度貯蓄があれば基本的に必要ありません。子どもが小さい頃に学資保険に入っていれば十分。病気で治療費や入院費などがかさんだときは、高額療養費制度だってあります。

どうしても医療保険に入りたい人は、少額の掛け捨てのものに加入を。高度障害になって周りの人に迷惑をかけたら嫌だという人は高度障害の保険に入ってもいいですが、高度障害になる確率を冷静に考えてください。不安になりだしたらキリがありません。できることだけしたらよしとしましょう。

家賃や住宅ローンの場合、新築や駅近の物件は高くなるので避けるのが基本です。在宅ワークが浸透して、毎日通勤する必要が減ってきたなら、駅から遠い物件に引っ越すことも検討してみてください。

――教育費を見直すポイントはなんでしょう？

勝間　塾代です。今は塾に通わなくても、スタディサプリのようなオンライン学習塾などで、塾に通うのと同じか、それ以上の成果を上げられる方法がたくさんあります。新型コロナウイルス禍でオンライン教育は選択肢が増えましたよね。良い教育にはお金がかかると考えがちですが、教育にしても、今は安くていいものがあるので検討してみてください。

時短できる調理家電で食費は減らせる

勝間　食費は外食のみならず、コンビニやスーパーで加工食品やお総菜を買うのをやめるだけで、かなり抑えられます。家事については私も試行錯誤を重ねてきましたが、今は時短調理のできる調理家電を活用して、手間の少ない「ほったらかし料理」にしています。朝、材料を入れてセットしておけば夕飯ができます。

私はすべての料理を調理家電で作っています。家のＩＨコンロを使わなくなって、どのくらいたつでしょうか。コンロの上にカバーをしていて、すっかり作業スペースと化しています。

――時短できる調理家電は人気ですよね。興味はありますが、性能がいいものは値段が高くないですか？

勝間　最新型でなければ安く手に入りますよ。加工食品やお総菜を買い続けるより、はるかに安く済むことは言うまでもありません。カボチャの煮つけが３、４切れで１５０円や２００円もするなんて超高い！　目先の安さにとらわれてはダメ。家計もサステナビリティーが大事です。

パンだって毎朝食べるなら、自分で作ると本当は安く済みます。皆さん、お米は生米を買って自分で炊きますよね。レンジでチンするだけのご飯を毎日食べている人は少ないのに、なぜパンは作らないのか。パンを買って食べるのは、そのレンチンご飯を食べるのと同じことじゃないですか。

ホームベーカリーも中古だと安くて１万円ぐらいで手に入る。仮に、６枚２００円のパンを毎日１枚食べる場合、３人暮らしだと２日に１袋なくなるから、パン代は月３０００円。材料代はかかるとしても、数カ月で回収できますよ。

――なるほど～。全費目を見直さなくても、どれか１つやるだけでもかなりお金が浮きそうです。それだけ、意識せずに無駄遣いをしている、ということか……。

勝間　要するに、使用頻度と原価構造なんです。ホームベーカリーのように使用頻度が高いものはなるべく自前のものを利用し、車のように使用頻度が低いものはなるべく外のサービスを利用する、と。これを逆にしている人が結構多いんです。パンは毎日食べるのに外で買って、車は大して乗らないのに自家用車を持っている、という人が多い。

――「お総菜は高くつく」って、分かっているんですけどね。つい買ってしまう。

「面倒くさい」が小さな無駄遣いを呼ぶ

勝間 分かっているけどやらない理由は、面倒くさいからです。パンを作るのが面倒くさい、車を借りに行くのが面倒くさい。この面倒くさいをお金で解決すればするほど、お金は減ります。子どもを塾に入れるのも同じで、塾なら先生に任せられるけど、オンライン学習塾だとちゃんと受けているか監視しなくてはいけないから面倒くさいわけです。こうした「面倒くさい」が無駄遣いにつながっていて、家計のサステナビリティーを阻害している元凶です。同じものなら安いほうが良くないですか？

私はバイクによく乗りますが、駐輪場は予約制のところを使っています。多くの人は、予約する手間が面倒くさいから使わないでコインパーキングに止めているんです。予約制のほうが安いのに。

――面倒くさいことはお金を出せば解決できるけど、それをし続ければお金がたまらない。それでお金がないない、と言ってほしいものを我慢して生活幸福度を下げるという……。そんな悪循環から脱して、お金との上手な付き合い方ができるようになるため、指針となるものはありますか？

勝間 『DIE WITH ZERO 人生が豊かになりすぎる究極のルール』（ビル・パーキンス著

児島修訳／ダイヤモンド社）をお薦めします。死ぬまでにお金をきっちり使い切ろう、という新しい視点で書かれた本で、目からボロボロ鱗《うろこ》が落ちますよ。私が推奨する、収入の一部を貯蓄や運用に回し続けることには否定的ですが、お金をどうやって使ったら人生を豊かにできるのか、本当に望む生き方ができるのか、というヒントが満載。お金はためるだけが能じゃないと教えてくれる良書です。

ヒント

お金のため方だけでなく使い方を見直す

塾長のお薦め本

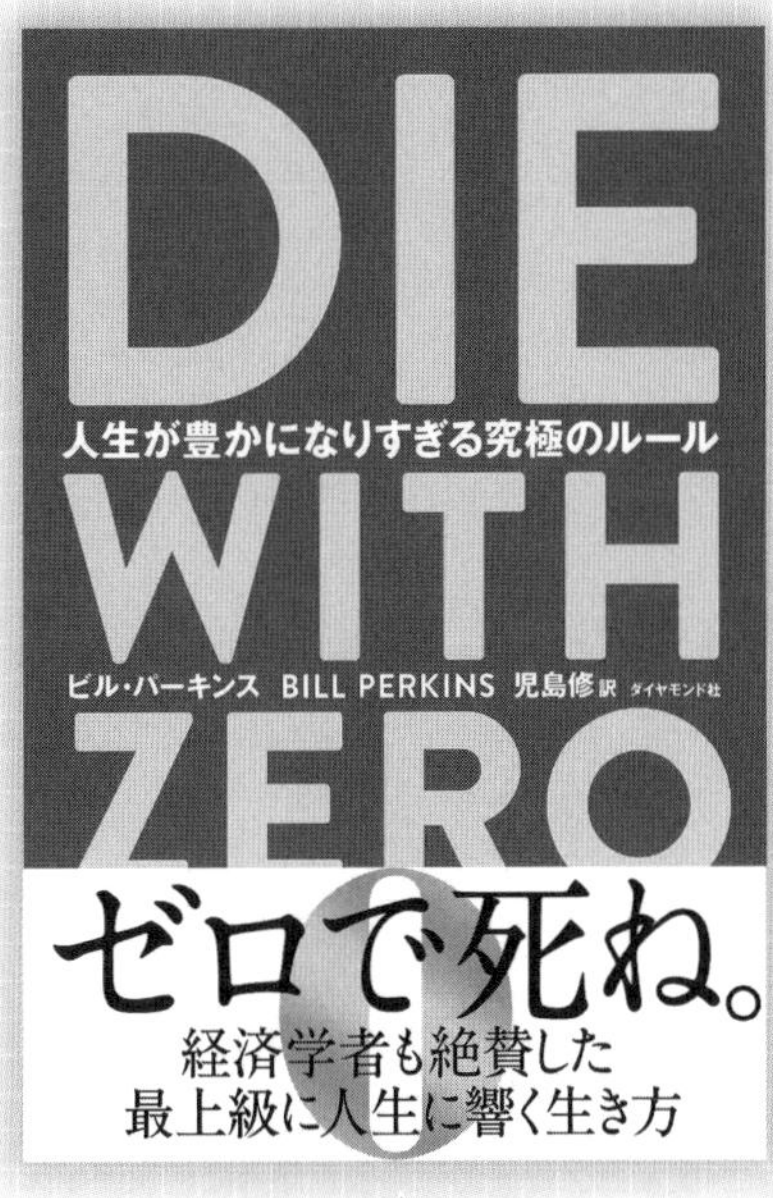

死ぬまでにお金を使い切ろう、という新しい視点で説く「お金の教科書」。どうお金を使えば豊かな人生になるかを考えさせられる

「DIE WITH ZERO
人生が豊かになりすぎる究極のルール」

（ビル・パーキンス著　児島修訳／ダイヤモンド社）

悩み 20

今年こそ投資で資産を増やしたい　今は好機？

投資の基本は「市場を読まない」こと　始めるタイミングは「今すぐ」が基本

今年こそ銀行に預金するのをやめて、NISA枠を使って投資で老後資産を増やそうと思っています。が、中東やウクライナでの戦闘といった世界情勢の混乱が続き、円安が進行するといった条件の悪さも気になってしまい……。初心者が投資を始めるのはリスクが高い気がしています。それでも資産を増やしたいと考えたとき、何から始めればいいでしょうか。気を付けるポイントを教えてください。

塾講師・Aさん（47歳）

「市場を読まなければいけない」は勘違い

――投資を始めたいけど、何から始めればいいのかという悩みです。銀行に預けるのは「お金を眠らせる」だけなので、投資をしてちゃんと「お金に働いて」もらいたい。そう思っているけれど、失敗して大切なお金を減らしてしまったらどうしよう、と二の足を踏む気持ち、共感しかありません。経済評論家で、金利トレーダーや証券アナリストとしても活躍してきた勝間さん、どうか迷える投資初心者を救ってください！

勝間　まず勘違いしているのは、株価の下落や円安など、市場を読まなくちゃいけないと思っていることです。市場って、読んじゃいけないんですよ、一般人は。

――えっ？　えええ〜！　どうして読んじゃいけないんですか？

勝間　読めないから、です。プロのトレーダーやアナリストだって、常に正確に読むのは不可能です。だから、投資を始めるタイミングを読んじゃいけません。始めるのに一番いいタイミングは「今すぐ」なんです。

――なるほど。では具体的に、どこで、何を買ったらいいんでしょうか？

勝間さんが推奨する「ドルコスト平均法」とは？

勝間　私が一貫して推奨しているのは、取引手数料がかからないネット証券に口座を開いて、毎月収入の2割で投資信託を購入し続ける定額購入法、別名「ドルコスト平均法」です。購入対象は「インデックスファンド」といわれる金融商品で、日経平均やNYダウなどのインデックス＝株価指数に連動した運用成果を目指すものです。中でも私もしていて一押しなのは、世界中の株価指数に連動する「全世界株式インデックスファンド」です。

　世界の国と企業の成長率の平均は4％前後です。日本や米国の経済が落ち込んでも、新興国経済などは成長している国もありますよね。どこの国や企業の株が上がるかは分からないけれど、どこかは必ず上がって、世界経済は平均4％前後で成長していく。全世界株式インデックスファンドを買い続けることは、世界中の株に分散投資するのと同じことなのです。

　もう1つは「リート（REIT）」といわれる不動産投資信託です。不動産を投資対象にした金融商品で、株式と比べると配当金が高く、ミドルリスク・ミドルリターンな金融商品になります。私は日本のリート（J-REIT）と先進国リートを買っています。

　いずれも、分散して中長期に行うことで、市場リスクを取らずにリターンを得る方法といえるでしょう。1年目、2年目はマイナスになることもありますが、3年目以降、時間をかけるほど増えていき、5年目以降、安定して収益が出ています。私の実感では、年利は4％より多い6％ぐらい。資産は10年、20年で倍々に増えていくイメージです。

――なるほど、中長期で投資をして、時間を味方にするのがコツなんですね。その意味でも、今すぐ始めるべきだと分かります。ただ、今55歳の人が60歳で定年退職する場合、収入の2～3割で商品を買えるのは5年だけになります。その場合、5年間で買った投資信託やリートを売らずに保有して、その運用利益を得ればいいですか？

勝間　そうです。さらには、60歳以降は年金の中から1万円でも買い続けるといいと思います。銀行で「寝かせて」おいても、金利はつかないも同然ですからね。ほとんどのインデックスファンドは購入手数料が無料で、信託報酬といわれる運用や管理にかかる費用も安く済むのが特徴です。信託報酬はどんどん安くなっていて、今の平均は0・4〜0・6％で、0・1％や0・2％台のものも増えています。

それで、お金が必要になったら必要な分だけ、現金化してください。株価が上がったときに売ったほうがもうけが大きいからといって、保有分をすべて売ることは勧めません。売るのは必要なときに必要な分だけ、というのを基本にしてください。

運用会社はどこを選べばいいのか？

――全世界株式インデックスファンドもリートも、いろんな運用会社から出ていて、どれを買ったらいいか迷います。信託報酬が低いものにするほか、選ぶポイントはありますか？

勝間　どれを選んでも大差ありません。ネットに人気ランキングが出ているので、それを見て上位に入っているものから選ぶのが無難でしょう。気になる人は、運用会社のサイトで、過去の運用実績（基準価格の動き、騰落率など）を確認するといいですが、実績がひどいところは続かないので、確認しなくても大丈夫です。

――さて、今回も相談者さんにお薦めの一冊を教えてほしいのですが、勝間さんの著書『お金は銀行に預けるな　金融リテラシーの基本と実践』（光文社新書）はロングセラーですよね。発売は2007年なのに、基本はほとんど変わらない。

銀行預金だけに蓄財を頼るのはリスク

勝間　相談者さんからの言葉に「今年こそ銀行に預金するのをやめて、投資を始めて老後資産を増やそうと思っています」とあるので、その気持ちをしっかり後押しできる内容だと自負します。

この本を書いたきっかけは、知り合いの編集者からパーソナルファイナンスについての本を書いてほしい、と頼まれたからです。私としては、お金の専門家として常識的なこと、かつ事実として正しいことを書いただけですが、世間一般には意外性のある内容だったらしく……。過度なリスクを取らないで賢い投資を行うための考え方と方法が分かると思うので、ぜひ読んでみてください。

ヒント

ドルコスト平均法を長期間続けて時間を味方にする

塾長のお薦め本

NISAが始まる前に、投資信託の有効性を記した自著。銀行預金だけに蓄財を頼るのは人生のリスクだという考え方は今も変わらない

「お金は銀行に預けるな
金融リテラシーの基本と実践」

（勝間和代著／光文社新書）

悩み
21

老後の住居が心配、家は「買う」「借りる」どちらが得？

「老後は家を借りられない」は思い込み 賃貸のほうが自由度が高い

賃貸生活を続けています。年を取ると家が借りにくくなると聞くので、マンションを買うべきか迷っています。持ち家になると固定資産税や管理費、修繕積立費などの負担が大きいと思う一方で、低金利だから住宅ローンを組むメリットがあるという意見も耳にします。老後を考えて住居を買ったほうがいいのか、賃貸のほうがいいのか。勝間さんの意見を教えてください。

運輸業・Tさん（52歳）

買うとしたら即金で中古物件

――住宅に関する〝永遠のテーマ〟ともいえるお悩みです。単刀直入に伺います。賃貸と持ち家、どちらにすべきでしょうか？

勝間　なぜか年寄りには家を貸してくれないと思い込んでいる人が多いですが、都心でも地方でも年金さえもらっていれば貸してくれる物件はあると思います。介護サービスが付いた高齢者専用の賃貸物件も増えています。日本は65歳以上が人口の29・1％（2023年10月1日現在）を占める超高齢社会です。老後の住居問題は、もはや優先順位が低い課題なんです。

私も賃貸に住んでいます。20代の時にマンションを買ったことがありますが、子どもが3人に増えて手狭になったので30代に入ってすぐ売りました。以来、ずっと賃貸です。家族構成が変わったり、職業が変わったり、収入が変わったりしたとき、賃貸のほうが自由度や柔軟性が高いからです。

もし家を買うとしたら、即金で中古物件を買うこと以外は勧めません。新築は広告宣伝費や営業費などが値段に含まれていて割高ですし、立地がいい物件は昔から建っている中古のほうが多いからです。

忘れちゃいけないのは、住宅ローンは巨大な借金ということです。人口が減って住む人も減れば、土地も家も余りますからね。都心で不動産市場が上がっても、地方ではめちゃくちゃ住宅が余っています。

――コスト的には、賃貸と持ち家のどっちが得なんでしょうか？　相談者さんも判断に迷っていますが、家賃を払い続けるなら住宅ローンを組んで家を手に入れたほうがいい気もします。

収入やライフスタイルが変化するリスク

勝間　持ち家も結局、ローンの金利と維持費、管理費、税金で賃貸と同じぐらいかかるんですよ。即金で買うならいいという理由は、金利を払わずに済む分、賃貸より得になるからです。低金利とはいえ、ローンを組むと金利分を余計に払うことに変わりはありません。

銀行がローンの審査をするとき、定期収入があって定期返済が可能な人かどうかを見込みます。あえて嫌な言い方をすると、あなたがこの先何十年と会社の奴隷になって働き続けるのなら、お金を貸してあげますよ、というのがローンの仕組みです。賃貸であれば、ライフスタイルが変わったときや収入が下がったときは、自分に合ったところに住み替えることが可能です。

相談者さんは今52歳で、60歳か65歳の定年まで8〜13年ですよね。それでローンを組むのは、結構キツイと思います。ずっと今の収入を確保し続けられる保証はどこにもなく、60歳になったら給料が下がる可能性は高い。リスクとリターンを考えた場合、52歳でローンを組んで家を買うのは決して有利な選択ではないでしょう。

ローンを組むなら1000万円以下に

――短期間でローンの返済ができるなら買ってもOKですか？

勝間　うーん、10年でも62歳までかかるからキツイと思います。もしどうしてもという場合は500万〜600万円のローンで買える中古物件を買ってください。50代でしていいローンの上限は1000万円以下だと思います。もっとも、繰り返しになりますが、私はローンで買うことを勧めていません。ローンを抱えると、生活の自由度が確実に下がります。家の購入資金にあてようと思っていたお金は、老後の資金として取っておくことをお勧めします。

老後対策で家問題よりも大事なこと

――ここまで勝間さんに口酸っぱく忠告されたら、相談者さんも長期ローンを組んで買うことはやめるでしょう。

勝間　もしかしたら、家がほしいというのは漠然とした老後に対する不安の表れなのかもしれませんね。

老後対策として本当にすべきことは家を買うことではなく、人的ネットワークの構築です。身近にごきょうだいや親戚の方がいるかどうか分かりませんが、病気になったときや何か困ったときに頼りになる人はいますか？　もしいなければ、今のうちから信頼できる人を1人でもつくりましょう。極端な話、住居はお金を出せば貸してくれるところがありますが、信頼関係はお金で買えません。

また、仕事は定年退職後も何かしら続けることをお勧めします。もちろん働くペースは落として、週に数回3、4時間ずつ働く感じが理想的でしょう。働いていれば当然収入を得られて年金+アルファの生活ができますし、人的ネットワークの構築もできます。体も頭も使うので、健康維持にもつながります。

――老後について考えるべきことは、住居だけではないことに気付かされました。老後の生活を自分がどうしたいか考えてみるといいですよね。それを後押ししてくれるような、お薦めの一冊を教えてください。

2年後に死ぬとしたら何をすべきか考える

勝間　『寿命が尽きる2年前』（久坂部羊著、幻冬舎）です。著者は医師で作家の方で、2年後に死ぬとしたら何をすべきか、ということについて書かれた本です。私が読んだのは、2022年11月に発売されてすぐです。後悔しない生き方のヒントになる本だと思いました。

相談者さんも、ぜひこの本の観点に立って、もし2年後に死ぬとしたら住宅ローンを組んでマンションを買いたいか？と考えてみるといいでしょう。私だったら、買いません。寿命があと2年と考えると、本当に大事にすべきことが見えてきて、老後対策としてすべき優先順位もはっきりすると思います。

——勝間さんは、寿命があと2年です、と言われたら何をしますか？

勝間 あと2年と言われて、慌ててしたいことをするような生き方は嫌だな、と（苦笑）。たとえあと数カ月と言われようとも、いつも通りの生活を送っていればいい、いつもと同じことをするのが幸せ、と思えるような生き方をしたいですよね。そのためにも、したいことはその都度しよう、と思いました。そうすれば、あのときあれをしておけば……と後悔することはありませんから。

ヒント

老後対策は人的ネットワークの構築が大事

塾長のお薦め本

高齢者医療に関わる医師が、寿命をテーマに「2年後に死ぬと分かったら何をするか」を問いかける。後悔しない生き方のヒントになる

「寿命が尽きる2年前」

（久坂部羊著／幻冬舎）

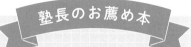

悩み 22

リモートワークで集中力が続かない。仕事効率を上げるには？

年齢ではなく体力低下が原因 体を動かすと仕事効率が上がる

以前より集中力が続かなくなったと感じています。リモートワークが増えたせいもあってか、決めたところまで仕事が進まないことがあります。年齢を言い訳にしたくありませんが、記憶力や集中力といった能力の衰えを感じています。年齢に関係なく、モチベーションを保ち、仕事の効率を上げていくためにはどうしたらいいでしょうか。良い方法があったら教えてください。

通信業・Yさん（52歳）

記憶力や集中力、思考力も体力の1つ

——記憶力と集中力の低下に悩む50代の方。年齢を言い訳にしたくないと思いつつ、衰えを痛感せざるを得ない気持ち、共感しかありません。これはもう、誰にでもやってくる老化現象として

受け入れたほうがラクになれるでしょうか。

勝間 いやいや、それは早計すぎます。この問題の解決策は非常に簡単でして、運動すればいいんです。

――運動、ですか？

勝間 近年、脳科学の医学博士や大学教授、ジャーナリストらによって、運動不足で体力が落ちると記憶力や集中力、それから思考力も落ちる、という研究結果が続々と発表されています。端的に言うと、記憶力や集中力、思考力も体力の1つということです。

多くの研究者が、「運動してから仕事をしろ」と言っています。作家の村上春樹さんがマラソン好きで、走ってから小説を書くのは有名ですが、彼が生み出す名作がエビデンスの1つといえるでしょう。

運動しないときと比べると仕事の効率は、30〜50％も違うようです。実際、朝運動するとそのぐらい仕事がはかどるのを実感します。私は朝、トランポリンのジムとゴルフレッスンに通っていて、トランポリンは一番早い朝7時からのクラス。それに出てから仕事を始めると、さあやろう！ というモチベーションを維持できて、サクサクはかどるんです。

――すでに、朝運動してから仕事するのを実践されているとは！ しかも、効率が30〜50％アップってすごすぎます。年齢のせいにして諦めている場合じゃなかった！

「動かないこと」で病気のリスクが上がる

勝間　悲報ですが、年齢のせいにしたくなるのは、現に体力が落ちているからです。記憶や集中というのは脳だけが行うことではなくて、体と脳が連動して行うこと。記憶術でも、手足を動かしながら覚えると記憶しやすいといわれますよね。俳優さんも、ただセリフを覚えるのは難しくて、演技と一緒だから覚えやすいそうです。

考えてみれば、ジッと座っているより、体を動かして血流を良くしたり脳内の酸素量を増やしたりするほうが、頭の回転が良くなるに決まってるんですよ。

――確かに、いいアイデアが浮かぶのも、ジッと座って考えているときより、席を立ってお茶をいれたり、気分転換に散歩したりしたときほど、あっ！　とブレイクスルーします。

勝間　そもそも人間は動くもの＝動物の一種で、何をするにも動くことが前提の生き物。そう考えると、当たり前といえば当たり前なんです。昔は、おなかを満たすにも、農耕や狩猟、家畜の世話、水くみなど、自分で動く必要がありましたよね。それが100年、200年の間に技術が進歩するにつれて、どんどん自分で動かなくてよくなって、座りっぱなしの生活に。でも、人間の体も脳も構造は変わっていないから、ギャップが生まれて記憶力や集中力、思考力の低下を招いている。

さらに、腰痛や肩こり、血行不良、高血圧、肥満なども座りっぱなしが原因となり、それらが慢性化する結果、動脈硬化や糖尿病、がん、心疾患などの病気につながるわけです。もとをただせば、動かないことが原因。「〝不動病〟が万病のもとである」というのが、近年の研究結果の主流です。

心拍数を上げるとレジリエンスも鍛えられる

――勝間さんは朝のトランポリンのほか、1日平均、どのぐらい体を動かしていますか?

勝間　平均1時間ぐらいでしょうか。今日も朝イチで、美容院に自転車で行ってきましたが、片道3キロ半ぐらいで15分。往復30分、有酸素運動をしたことになります。別にジムに行かなくても、いくらでも運動できるんですよ。私は仕事の合間にもストレッチできるように仕事場にヨガマットを敷いていますし、振動マシンも机の横に置いていつでも乗れるようにしています。お勧めの方法は、定番ですが通勤時に1駅か2駅分歩くといいでしょう。1駅分が15分としたら往復で30分、2駅分なら30分×2で1時間の運動になります。

通勤って、体を動かす上ではメリットなんですよ。駅の階段を上ったり下りたり、電車の揺れに踏ん張って体幹を鍛えたり。会社だと、トイレに行くのも遠いから、家にいるときより動くわけです。その意味で、リモートワークの人は、より動くように意識したほうがいいですね。

仕事の効率アップのために、朝の散歩をはじめ、日中もスーパーや薬局に買い物に行ったり、郵便局や宅配業者に荷物を出しに行ったり。1日3カ所ぐらい用事をつくって外出すると、わりと簡単に1万歩前後になりますよ。ネットや宅配サービスで何でも買えますが、そうした「便利」に頼り切らないようにするのも〝不動病〟の解消のコツです。

――歩くときは、早歩きをしたほうが運動強度が上がっていいんでしょうか？

勝間 そんなに意識しなくても、普通に歩いていれば心拍数は自然と上がりますから、ちゃんと有酸素運動になります。

そうそう、心拍数を適度に上げることはストレスマネジメントにもなります。プレッシャーや逆境に負けないレジリエンスがつくんですよ。心拍が上がってドキドキする状態に慣れること自体が、レジリエンスを鍛えることになるんですって。プレゼン前などに緊張して心拍数が上がっても体が対処してくれるから落ち着けるわけです。

――なんと、レジリエンスも！　いや〜、意外な〝処方箋〟で、気付きが多いです。それでは今回のお薦めの本を教えてください。

運動は「健康寿命の貯蓄」だと捉える

勝間 脳と運動に関する本は昔からよく読んでいるので迷いますが、最近発売された『脳の外で

考える　最新科学でわかった思考力を研ぎ澄ます技法』（アニー・マーフィー・ポール著　松丸さとみ訳／ダイヤモンド社）は、目からウロコがぼろぼろ落ちる一冊だと思います。

著者は科学ジャーナリストで学習と認知について世界中で講演を行っている女性。レビューに「神経科学、認知科学、心理学など、世界中のあらゆる研究結果を調べつくして導き出した思考力や学力、記憶力、洞察力を高めるメソッドを詰め込んだ一冊」とある通りの内容。個人的には、脳単体だといかに役に立たないか、を思い知ることができました。で、読んだ後、早速、体を動かした、と（笑）。

私、運動は「健康寿命の貯蓄」だと思っているんですね。だから、5分でも10分でも運動すると、「貯蓄できたわ」と小さな達成感を味わえてニマニマできるわけです。もし運動が習慣化しない人は、運動は貯蓄、と思うといいかもしれません。

ヒント

心拍数を上げる運動はレジリエンスも鍛えられる

塾長のお薦め本

思考力や記憶力、洞察力を高めるためのメソッド。神経科学、認知科学、心理学などから導き出した方法は「脳の外」にあった

「脳の外で考える
最新科学でわかった思考力を研ぎ澄ます技法」

（アニー・マーフィー・ポール著　松丸さとみ訳
／ダイヤモンド社）

悩み23

以前と同じように働いてもパフォーマンスが上がらない

寿命に向けてゆるやかに死んでいく「以前と同じに」という発想を変える

40代後半になって、体の変化をひしひしと感じています。仕事は以前と変わらずにやっていますが、パフォーマンスが上がらないと感じることが増えてきました。イライラしやすかったり、疲れやすかったり。更年期症状なのでしょうか。心身共に快適に過ごすにはどうすればいいでしょうか？

メーカー勤務・Iさん（47歳）

運動以外の身体活動でエネルギー消費を増やす

――勝間さんは現在55歳で、年齢的には更年期にあたりますよね。それでも以前と変わらず、パワフルに活躍していることから、何か秘訣があるに違いない！　と思う人が多いのか、と。実際のところ、更年期症状を感じることはありますか?

勝間 肘が痛い、ですね。いわゆる五十肩の肘版で、血液中に溶け出したカルシウムが沈着しているのが原因だとか。日常生活に大きな支障はありませんが、地味に痛いので、月に1回注射を打っています。その注射が、超痛くて……。ま、ゴルフをやめれば一発で治るんでしょうけど(笑)。痛みはあるけど楽しみがある生活か、痛みはないけど楽しみもない生活か。私は前者を選んでいる、というわけです。

——イライラやモヤモヤ、落ち込みなどのメンタル症状は?

勝間 特にはないですね。基本的に、健康管理は「よく食べる、よく寝る、よく動く」ことが重要だと思うんです。運動をすることが難しい人でも、家事を含めてマメに動く、ということです。運動以外の身体活動で消費されるエネルギー、いわゆるニート(NEAT、非運動性熱産生)を上げることが重要。端的に言うと、座っている時間を減らして立っている時間と歩く時間を増やすと、ニートは上がります。会社勤めだと、基本的にはオフィスにいるので、どうしても動かなくなるんですよね。

40代、50代は老化のスピードに個人差が出る

勝間 私たちは、最長120年の寿命に向けて、ゆるやかに死んでいっています。健康的に過ご

せばそのスピードを遅らせることができる。40代、50代になると、そのスピードに個人差が出てくるんです。

――なんと、120歳！ もはや人生100年時代でもないんですね。

勝間 私たちが100歳まで生きることは、もう見えちゃっているんですよ。だから、新たに目指すべきは120歳ということ。55歳の私でも、まだ折り返し地点にも来ていないということになる（苦笑）。

もし、今抱えている不調が更年期症状なのかどうか気になるなら、婦人科で女性ホルモン値を測ることをお勧めします。以前、私も一度、測りに行きました。結果は「やや更年期」というよくわからない結果でしたが（笑）。もし、ホルモン値がはっきり低下しているなら、ホルモン補充療法や漢方薬の服用で体も楽になりますからね。逆に女性ホルモンが原因でなければ、問題はほかにあることがはっきりすると思います。

ペースダウンしても同じ成果を上げられる工夫が必要

――ほかに問題とは？

勝間 相談者さんは「仕事は以前と変わらずにやっています」とおっしゃっていますが、その発想が問題だと思います。

繰り返しますが、私たちは寿命の120歳に向けてゆるやかに死んでいっています。だから、働き方も年齢に合わせてシフトしていくことが必要だと思いますよ。会社員の方は、定年退職まで働くものと刷り込まれていますが、仕事のペースが落ちるのは当たり前。20代や30代と同じ働き方を50代や60代でできるわけがありません。

ただ単に働くペースを落とすだけでは、働かない人になってしまうので、年齢とともにペースダウンしても以前と同じ成果を生み出せるような働き方に変える工夫が必要です。

――工夫、といいますと？

勝間　不要な会議やクライアントのためにならない社内業務を減らすように提案したり、オンライン対応で済む日は在宅勤務にしてもらったり、やりようはいくらでもあると思います。

変わるのは年齢だけではなくて、ＤＸ（デジタルトランスフォーメーション）やＣｈａｔＧＰＴなどのＡＩ（人工知能）の浸透などのビジネス環境も、です。ビジネス環境は、この先も加速度的に変わっていくでしょう。そのことを踏まえても、働き方を変えるべきだと思います。変化する前のほうがよかった、と言っても時代の流れは止められません。

変化の波にうまく乗るコツは、変化を嫌わないこと

――加齢も環境の変化も止められませんね。

勝間　あらゆる変化の波にうまく乗るコツは、変化を嫌わないことです。ついつい昔のほうがよかったと言いがちですが、時間が巻き戻ったことは過去に一度もありません。変化するものだと割り切って対応していくことが、高パフォーマンスを維持するカギです。

私はたまに船を操縦するんですが、船は車と違って風と波の影響を受けるから、舵《かじ》をちょこちょこ動かして、蛇行させないと前に進まないんです。直進しようと思って、舵をまっすぐにすると風と波に流されて、目的地から遠ざかる結果に。前に進むには蛇行させることが大事で、人生も同じなんだろうなって思います。

――大波に流されないために、ちょこちょこと変化に合わせていくことが目的地に近づく秘訣なんですね。それでは恒例の、お薦めの一冊を教えてください。

最期まで自分らしく生きる戦略

勝間　『長寿脳　120歳まで健康に生きる方法』（白澤卓二著、ダイヤモンド社）がぴったりだと思います。著者は、予防医学を専門としてアンチエイジングに関する著書を多く出しています。せっかく長生きできる時代に生まれたのだから、最期まで自分らしく生きようではありませんか、という視点でまとめられています。

具体的な健康法以外に、100歳前後まで元気で活躍する人の話が出てくることもお薦めポイントです。皆さん自由に生きていらして、社会貢献度が高いんですよね。105歳で亡くなられた医師の日野原重明さんが、100歳でiPadを使い始めたという話も出てきて、ほぉ～となりました。100歳になっても、変化に対応しようというのは本当にすごいことです。

先は長いですから、変化の波を嫌わないで、うまく乗っていきたいですよね。メンタルの健康を保つ上では、友人や家族と〝どうでもいい話〟をすることも大事です。学びも気付きもなくてもいい、というか、むしろないほうがいいんです。80代の母親がフラダンスを始めてどハマりしているとか、子どもが学校に行かなくて困ったもんだとか。自分以外の人生に触れて共感するのがポイントです。

ヒント

変化に対応する力が老化のスピードを遅らせる

塾長のお薦め本

120歳まで健康に生きる方法
ANTI-AGING
長寿脳
BRAIN
医学博士
白澤卓二
科学的に
脳を若返らせ、
寿命を延ばす
人生戦略
最先端の認知症治療を実践する
脳のカリスマが30年超の
長寿研究から導いた幸せな生き方
何歳からでも寿命は変わる!
死ぬまで続けていいこと、
控えたほうがいいこと
飲酒
喫煙
偏食
肥満
ストレス
人間関係
ダイヤモンド社

30年以上超高齢者の研究を重ね、アンチエイジングに関する本を数多く出してきた著者が「120歳まで健康に生きる」手立てを解説

「長寿脳
120歳まで健康に生きる方法」

（白澤卓二著／ダイヤモンド社）

悩み
24

糖質オフの食事やジム通いを試しても体重が減らない

「痩せていることが正解」という思考を捨て、100歳まで続けられる習慣を

糖質オフの食事やジム通いなど、さまざまなダイエットを試していますが、続きません。頑張って3カ月で3～4kg痩せられても、半年ほどするとリバウンドしてしまいます。若い頃はもっと簡単に痩せて、スリムな体形を長くキープできたのに……。基本的に食べることが好きで、太りやすい体質なんだと思います。こんな私でも成功するダイエット法とリバウンドしない秘訣を教えてください。

製造業・Yさん（51歳）

痩せた要因は外食をやめて自炊したこと

――勝間さんは40代で12kgのダイエットに成功して、その後リバウンドすることなく体形を維持していますよね。

勝間　40代前半から後半にかけて、最高62kgあった体重を50kgまで減らしました。痩せた大きな要因は、外食や加工食品ばかりだった食生活を見直して、野菜や肉、魚などの生鮮食品を買って自炊をしたことです。外食や加工食品は万人受けする味にするために砂糖や油脂がたくさん入っているので、平均的な量しか食べていなくても太るんですよね。カロリーが高い割に栄養価が低いことも、外食や加工食品のワナ。体は栄養が入ってこないと満たされないから、間食をして食べ過ぎてしまうわけです。

運動不足にならないように都内の移動には車を使わずに、1日1万歩以上歩くようにしたこと、それから十分な睡眠を取るようにしたこともダイエットに成功したポイントです。睡眠不足になると、食欲が旺盛になる「グレリン」というホルモンの分泌が促されてしまいます。逆に、しっかり睡眠を取ると食欲を抑えるホルモン「レプチン」が分泌されるので、痩せたければよく寝ることが欠かせません。

――えー、睡眠不足もダイエットに影響するんですね！　知らなかった。

「痩せていることが正解」ではない

勝間　もっとも、今は健康的な生活をしながら自分へのご褒美として外食もしますし、スイーツも食べます。50〜53kgを行ったり来たりしている感じですかね。身長は158cmなので、BMI

（体格指数）は20～21。50代ですし、無理して50kgをキープしようとは思いません。50代以降は痩せることがリスクになることもあるからです。

なぜなら、50代以降は痩せることより、骨粗しょう症予防のほうが重要課題だからです。50代になると女性は閉経のため骨量が急激に減少します。そこでダイエットによる栄養不足が重なると、骨粗しょう症になるリスクはぐんと高まります。今回の相談者さんもそのことを念頭に置いて、本当にダイエットする必要があるのかどうかを考えてほしいと思います。

――相談文に「若い頃はスリムな体形を長くキープできた」とあることから、昔の体形をイメージしているだけで、本人が思うほど太ってはいないかもしれませんね。

勝間　日本人女性の多くが「痩せていることが正解」と思っていて、理想体形の基準を勘違いしています。理想体形＝スリム体形ではありません。50代が目指すべきは健康体形。ＢＭＩが20～25以内に収まれば十分です。健康的な生活を送っていれば、結果として適正体重に落ち着きます。いくつになっても痩せないといけないと自分を追い込むことはストレスになります。この程度なら「まあ、いっか」と許容することも大事。

中高年がBMI20を切ると健康上の問題が起きやすい

勝間　私の考える適正体重のざっくりとした目安は「身長－１００」。身長１６０cmなら60kgぐらい、１５５㎝なら55㎏ぐらい。体の機能を正常に保つホルモンの原料としても脂肪は欠かせないですし、基礎代謝を維持するには筋肉が必要です。脂肪や筋肉が一定量つくと、ＢＭＩは普通に20以上になるんです。長寿に関する研究者たちも、年齢を重ねるにつれて、ＢＭＩが20を切ると健康上の問題が起きやすいと口をそろえて言っています。

――では、もし相談者さんのＢＭＩが25を超えている場合は、適正になるようにしたほうがいいですよね。その際、気を付けるべきことを教えてください。

「いい糖質」と「悪い糖質」を見分ける

勝間　相談文に「３カ月で３～４㎏痩せた」とありますが、それはダイエットのペースとして早過ぎます。短期間で痩せるとリバウンドしやすくなるので、３カ月ならせいぜい１～２㎏減までにとどめましょう。

糖質オフのし過ぎにも要注意です。糖質は三大栄養素の１つですから、制限し過ぎると寿命が縮むというエビデンスもあります。糖質も種類にこだわることが大事で、避けたほうがいいのは、加工食品に入っている「果糖ブドウ糖液糖」などの化学的に作られた糖質です。白い砂糖やお菓子を避ける「シュガーフリー」なら、果物やイモ類は食べてもＯＫ。相談者さんは食べることがお好きなようだから、質のいい食べ物にこだわるのは楽しみになり、続けやすいですよね。

ダイエットを続ける上で、ストイックになり過ぎないことも重要です。学説は種々ありますが、無理な食事制限をして十分な栄養を摂取できないと、私たちの体は〝節約モード〟に切り替わって代謝を落とすそうです。体温を下げたり、体内の病原菌を攻撃するのをやめたりするから、病気になりやすくなる、と。それが一転して、食事制限をやめると、体は待っていましたとばかりに栄養を蓄えようとします。次に、いつ栄養が入ってくるか分からないからです。それが、痩せにくく、太りやすくなる原因。つまり、無理なダイエットをするから太るんです！

中高年にうってつけの運動習慣は？

――確かにその通りかも。無理な食事制限をするとリバウンドしやすいです。それで、食事制限がダメならジムに通って痩せようと思うんですが、三日坊主に終わりがちという……。

勝間　私も過去に何度もジム通いに挑戦しましたが、どれも続きませんでした。その経験を踏まえて、続けやすい運動は何かと考えて、1日1万歩以上歩くことにしたんです。仕事や用事を3つ4つ入れれば、難なくクリアできます。

最近は、NHKのテレビ体操（ラジオ体操）も日課にしています。10分間、しっかりやると汗ばむ運動量がありますし、関節が柔軟になるので中高年にうってつけです。テレビ体操なら100歳まで続けられますよね。無理な食事制限やジム通いは、100歳まで続けられません。続けられないことは、やめたら必ずリバウンドします。100歳まで続けられる方法でしか、ダイエットは成功しません。

健康になれば体調も体形も適正に整う

——100歳まで続けられる方法を考えると、おのずと「痩せていることが正解」という思考を捨てられて、健康的な生活を送るようになれそうです。そんな気持ちを後押しするお薦めの一冊を教えてください。

勝間　『最高の体調』（鈴木祐著／クロスメディア・パブリッシング）です。有名ユーチューバーさんなども紹介していますが、読んでみて良書だと思いました。著者はサイエンスライターで、エビデンスに基づいて書かれているので説得力があります。肥満をはじめ鬱《うつ》や不眠などの「文明病」の解決法と、パフォーマンスを最大化するヒントを得られます。最高の健康を手に入れると、体調も体形も適正に整うものだと腹落ちできるに違いありません。

ヒント

「果糖ブドウ糖液糖」など化学的に作られた糖質を避ける

塾長のお薦め本

100の科学的メソッドと
40の体験的スキルから編み出した
HOW TO IMPROVE DRAMATICALLY YOUR BODY AND MIND.
最《さい》高《こう》の体《たい》調《ちょう》
THE SUPER GUIDE TO THE BEST CONDITIONING FOR YOURSELF.
集中力が持続し、生産性が劇的に向上
鈴木 祐
YU SUZUKI
怒りや不満、不安をコントロールする
CROSSMEDIA PUBLISHING
進化医学のアプローチで、
過去最高のコンディションを実現する方法
疲労・肥満・不眠から
本来の自分を
取り戻せ!
15万部突破!!

肥満、慢性疲労、不眠などさまざまな不調の原因を「文明病」と捉え、その解決法とパフォーマンスを最大化するヒントを紹介する

「最高の体調」

（鈴木祐著／クロスメディア・パブリッシング）

COLUMN

人生100年時代
お金と体に向き合うマインドセット

本当に100歳まで生きるかもしれないけど、2、3年後に死んでしまうかもしれない。最近私は、この両極のイメージを持って生きることの重要性を感じています。

50歳を過ぎた頃から亡くなる知人・友人が現れ出し、自分もいつ死んでもおかしくないと考えるようになりました。悲観的な話ではなく、死に対する前向きな姿勢です。実際、健康意識が高まって、仕事もプライベートもやりたいことしかしなくなりました。体が本当に思い通りに動くのは70代までですよね。そう考えると、やりたくないことをしている時間なんてないんです。30代でも40代でも、2、3年後に死ぬかもしれないと思って人生を組み立ててみてください。やりたいことに集中して、自己実現力が上がります。

健康でお金があるだけでは足りない

100歳までお金の心配をしないで過ごすには、投資信託などの資産運用が欠かせません。とはいえ、健康でお金があるだけでは、幸せな老後とは言えないでしょう。家族や友達、趣味仲間などの人的ネットワークも必要です。人的ネットワークが充実していれば、他愛のない日常にも楽しさや喜びを見いだせて幸福感を得られます。自分より年上か同世代の人たちばかりと付き合うと、先立たれてしまうので、若い世代ともつながっておくことをお勧めします。

第6章

勝間塾生が一歩踏み出したら

安定した組織に長くいればいるほど、
離れることへの不安は大きいでしょう。
実際に一歩を踏み出した人は、
どんなステップを経験して、今はどう思っている?
40歳以降に大きな転身を経験した2人に話を聞きました。

公務員だった私がYouTubeに挑戦！自分の強みを事業に44歳で退官して起業

元塾生・安彦和美さん（49歳）

大学卒業後、自動車部品メーカーに入社。2003年に法務省入省。19年に退官して、公務員特化型のオンラインスクールを起業。

41歳	勝間塾に入塾
44歳	•YouTubeで発信を初体験 •Kindleで自著を出版 •公務員を退官して起業
48歳	年収が公務員時代の1.5倍に

イラスト/emma / PIXTA

なぜ勝間塾に入塾したのか？

公務員となって12年が過ぎた41歳の頃、夫が仕事で立て続けに不運に見舞われ、5回も転職を繰り返していました。乳飲み子を抱えた私が大黒柱という状態が続いて、将来に不安を抱えていた時期で、お金に関する知識をつけて生活を安定させたかったんです。そこでシングルで働きながらお子さんを育てた勝間さんのお話を聞いてみたいと、生後1カ月になる第2子を抱っこして講演を聞きに行きました。

その講演で、「エスカレーターやエレベーターを使わずに、階段を上れ。楽しようとせずに、堅実に脚力を鍛えろ」などと話されたことに感銘を受け、その1カ月後に「勝間塾」に入塾しました。当時は、法務省で保護観察官として働いていて、独立なんて考えてもいませんでしたし、生活に不安を感じながらも一生公務員でいるつもりだったんです。

勝間塾に入って、まず何をした?

実は、入ってみたものの全くついていけなくて。勝間塾に入ると、毎月行われるオンライン月例会に参加して、そこで課題が出るんです。それが当時の私にとってはハイレベルすぎて、課題をこなすどころか講義の内容すら頭に入ってこない状態でした。そもそも、当時は働きながら、育児と家事をしていましたし、毎月2時間の講義を聞き続けるという時間的な余裕もなかったんです。

そこで、毎朝勝間さんからの励ましや気付き・行動課題などがメールで届くサポートメール会員にグレードダウンして、メールで届いたテーマを自分で考えたり、習慣化したりすることを1年ぐらい続けたところで、もう一度本会員に戻りました。

そこで辞めようとは思わなかった?

辞めずに続けられたのは、他の塾生が助けてくれたからです。勝間塾では全国各地でオフ会が開催されていて、そこでごはんを食べたり忘年会があったりするので、試しに一度参加してみました。「毎月2時間の講義すらまともに聞けなくて、落ちこぼれなんです」と言ったら、ある塾生さんが、「パソコンとかスマホの前でじっと座って視聴しようとするからダメなの。音源をダウンロードして、通勤時間中や家事の隙間時間に何度も聞けばいいのよ」って教えてくれて、目からうろこが落ちました。

言われてみればそうだな、と。そのやり方を取り入れて反復して聞いていったらようやく理解できるようになったんです。最初の2年間は、課題をこなしながら知識を付けていきました。

勝間塾の課題はどのようなものが出る?

例えばメールの課題は「ネガティブな感情が生じたとき、積極的に人に助けを求めると、その感情を認めやすくなります。それを前提にした上で、ネガティブな感情について意識が変わったり、行動が変わったりしそうなことを教えてください」といった問いに対して各自答えをアップしていくといったものなのですが、毎日こなすのは難しかったので、月1回参加する例会の課題だけは絶対に投稿しようと決めていました。

その課題の一つが、私の人生を変えたと言っても過言ではない「自己紹介動画をYouTubeにアップロードせよ」というものでした。限定公開でいいから、1分間でもいいから作りなさいと。

ちょうど入って3年目でしたが、当時は今ほど動画を作ることが一般的ではなかったですし、どうしていいのかも全く分からない中、なんとかタブレットで撮影してYouTubeにアップロードしました。言われなければ動画を撮ろうなんて、絶対に思いませんでした。その強烈な体験が、後にUdemy（ユーデミー）で動画教材を販売したり、YouTubeで情報を発信したり、オンラインスクールを開くことにつながりました。

他にも自分で発信する活動がある？

勝間塾には、塾生が勝手にイベントを立ち上げてみんなが自由に参加するというカルチャーがあり、私もさまざまなものに参加してみました。代表的なものに、各地で月例会のライブビューイングイベント（みんなで1つの会場に集まって一緒に月例会に参加し、その後ワークしたり話し合ったりする）が行われているので、そこにもよく参加しました。そうすると、いろいろとつながりができていって、私も飲み会やランチ会を主催するようになったんです。

なかでも私が自分から関わったのが「エンジン01文化戦略会議」の応援団でした。エンジン01文化戦略会議とは、日本文化の深まりと広がりを目的に文化人などが集まって活動しているボランティア団体で、勝間さんが副幹事長をやっています。

18年11月に、エンジン01文化戦略会議のオープンカレッジを釧路で行うことになり、その時の大会実行委員長が勝間さんでした。それなら札幌在住の私が応援団になろうと思って、集客のため「エンジン01 in 釧路に行こう。北海道観光したい人も集まれ」というイベントを立ち上げたんです。すると全国各地、海外からもたくさん人が集まって大盛況。そこからエンジン01文化戦略会議のオープンカレッジで毎年、応援団の幹事をするようになりました。完全にボランティアなのに、まるでツアーコンダクターになったかのような仕事量で、いつもものすごく大変でした(笑)。

サラリーマンや公務員って言われたことをやる、会社が求めることをやるのが普通で、基本的に自己決定する機会は少ないですよね。それが、何をいつどこでやるのか、もしくはやらないのかという決断を幹事の私がする必要がありました。全体のスケジュール調整をしたり、メインメンバーの管理をしたり、開催地の塾生に観光案内をお願いするなどしてチームをまとめるという貴重な経験もできました。

なぜ公務員を辞めて起業しようと思った？

公務員として勤務している間も、キャリアコンサルタントとして副業はしていたのですが辞めるつもりはなく、入塾当初は、ゼロだったマネーリテラシーをつけて、まずは家計を安定させるのが目的でした。でも、勝間塾で「雇われ人から脱却するために市場価値を上げよう。雇われ人の中でも公的資本が入っていて、成果報酬型ではなく、年功序列で、テクノロジーが使えない公務員には市場価値がつかない。一番いてはいけない職場である」と言われたんです。

最初は耳を疑いましたし、信じられませんでした。でも、よくよく考えたら役所の先輩や上司に、なりたい姿の人は誰一人いなかったんです。むしろ、勝間塾にいる「好きなことや得意なことで、生き生きしながら稼いでいる人たち」のほうが、よっぽど魅力的に映りました。

それで初めて動画を作った頃から、起業を現実的に考え始めました。勝間塾のおかげでマネーリテラシーがついてきて、法務省に居続けることと、自分の強みを生かして起業することをてんびんにかけたら、辞めても大丈夫そうだと分かりました。起業の本質は、リーダーシップや主体性だと思うんです。応援団を立ち上げようと思った頃には、退職して起業しようと考え始めていたので、世界中から集めた人をもてなし、私なりのサービスを提供する経験はきっと起業の糧になるだろうと思って前向きに取り組みました。

起業ネタはどのように思い付いた？

自分が公務員であることが強みになると気付いたんです。実は、勝間塾では公務員であることをずっと伏せていました。これは、「公務員あるある」なのですが、公務員だと言うと「お役所仕事」「税金泥棒」などと悪感情をぶつけられることもあって、あまり公にしたくないんです。なので、勝間塾内でもカミングアウトできないまま過ごしているうちに、これは性的マイノリティーと同じ構造では？と思ったんです。

マイノリティーにはマイノリティーにしか分からないことがあるじゃないですか。なので、その中で問題解決を提供することができないかと思って、まず「公務員ですが、悩んでいます」というトピックを上げてみたら「私も悩んでいます！」って、ものすごく反響があったんです。蓋を開けてみたら、公務員であることを隠していた塾生がいっぱいいたんですよ（笑）。

それで「公務員ですが、副業しています」というイベントを立ち上げてみることにしました。すると、一晩で20人くらいから応募があったんです。国家公務員と地方公務員を合わせると、全国で約340万人いますから、十分マーケットがあるな、と。

勝間さんは常日頃から、塾内でテストマーケティングをしなさいとおっしゃっていて、何かを始めたい時は、このように肌感覚をつかめます。付けたいスキルは塾生からも学べますし、本当に恵まれた環境だと思います。

他に勝間塾で挑戦したことは？

44歳のときに『公務員が「安全にできる」副業のてびき〈実践編〉：国家公務員法と人事院規則の根拠解説』という本をKindleで出版したのですが、これも勝間塾に入ったからできたことでした。

最初は、ある塾生さんが「Kindleで本を出すから手伝って」と出した募集に立候補したところからでした。主な仕事内容は、原稿を読んで意見するというものだったのですが、驚いたのが最初に10行ほどのテキストが書かれたたたき台だけが送られてきたこと。私は、原稿が全部出来上がってから送られてくると思っていたのですが、彼女が言うには「構成から見てもらわないと、書き上げてから大きく修正するのは大変だから」と。

私は、それまで上司には完成に近いものしか見せてはいけないと思っていたのですが、仕事は、自由に、効率的に進めていいんだということを学びました。ちゃんと形にしたものを見せなくてはいけないという価値観が崩れたんです。

そして、その人がどんどん書き上げていく様子を見て「すごいですねえ」と言ったら、「安彦さんもやればいいじゃない。できるよ」と言われて、それなら挑戦してみようと思ったんです。作られていく様子をそばでみていたので、制作の道筋は分かっていました。

実際、作ってみるとすごく大変な作業でしたが、自分の事業ノウハウをまとめる作業としても役に立ちました。自分の本がAmazonに並ぶ光景を見るのは、ものすごく自己肯定感が上がりましたし、自分の文章に値段がつく、価値がつくというのは、それまでは想像もしなかったことなので、とても感慨深いものがありましたね。

動画編集に本格的に挑戦したのも勝間塾でした。最初の自己紹介動画の制作が面白くて、もう少し高度なスキルを身に付けようと、他の塾生のお手伝いをしました。その方はオンラインスクールのモニターを探していて、動画や文章の制作を手伝いながら、同時に動画教材の作り方を学ばせてもらいました。それが起業当初に手掛けた事業の1つ、「Udemyで動画教材を販売する」ということにつながり、おかげさまで2作目はヒット作になりました。

いろいろ試していくうち「独立できる」と手応えを感じ、44歳で公務員を退官しました。今は、YouTubeで情報を発信したり、オンラインスクールを開講したりしていますが、毎日動画を触らない日はないくらい、動画制作が私のビジネスの主体になっています。

一言でいうと、勝間塾とはどういう場？

出会いの場ですね。それは「意識が高い人と出会える」というのではなくて、異質な人たちと出会うことで、自分の人生の可能性が広がるということです。

その中でも、それまでは出会うことができなかったような自営業の方にたくさん出会えたのは面白かったですね。フリーライターや電気屋さん、はたまた「一体、何で食べているの？」というよく分からない仕事をしている人も（笑）。多様な人たちに会って、公務員やサラリーマンでいなくたって、何でもやっていけるものなんだなあと思いました。

勝間さんは、「自分らしくあること」をメッセージとして出し続けています。変に意識が高い人に変貌する必要はなくて、自分の強みを伸ばしつつ、弱みは全面に出して周りに助けてもらい、自分も誰かを助ける。それが勝間塾のポリシーです。なので多様な人に出会っても、臆することなく、頑張りすぎることもなく、その中で自分らしく過ごすことができるのも特徴だと思っています。

今後の目標は？

辞めて4年目には年収が公務員時代の1・5倍になり、相談を受けた人の数も延べ4000人を超えました。

実は今年、8年間続けた勝間塾を卒業しました。それは、何かネガティブなことがあったわけではなく、自分の事業にフルコミットするタイミングだと感じたからです。今後は、勝間さんのおっしゃる「年収10倍を目指せ」を目標に着実に進んでいきたいと思っています。公務員がいくら頑張ったところで年収の天井は決まっているじゃないですか。ノンキャリアの公務員だった私には、年収１０００万円到達も難しかった。でも今は、年収５０００万円だって目指せると思っています。

安彦さんが実践した「なりたい自分」になる方法

- オフ会に参加して仲間をつくる
- ボランティアで会を主宰して起業マインドを学ぶ
- 公務員という「弱み」を自分だけの事業ネタに
- YouTubeでの発信を事業ツールに
- 人のKindle出版をサポートして自著に生かす

45歳で外資系企業に転職して年収が2倍！早期退職して56歳で英国大学院に留学

塾生・ルッコラさん（仮名・57歳）

大学卒業後、大手企業に入社。退職後に派遣社員から外資系システム会社正社員に。2012年にアマゾンジャパンに転職。退職して英国留学。現在は起業準備中。

34歳	外資系システム会社に再就職
44歳	勝間塾に入塾
45歳	アマゾンジャパンに転職して年収が2倍に
54歳	早期退職し留学準備
56歳	英国大学院に1年間留学
57歳	起業に向けて準備中

なぜ勝間塾に入塾したのか

もともと勝間さんの本をたくさん読んでいて、2006~09年に刊行された本はほとんど読んだのではないでしょうか。いわゆる〝元祖カツマー〟です。勝間さんのインタビュー記事も常に追っていました。11年に勝間さんが塾を立ち上げるのを知り、迷いなく即入塾したので、勝間塾の1期生なんです。

勝間さんの本を読むと多くの知識を吸収することができ、その小さな積み重ねで自分が変わっていくと感じていたので、「毎日0・2％の改善を続けて自分をアップデートしたい」という思いがありました。当時、外資系システム会社でカスタマーサービスのシステム関連のプロジェクト管理や運用をしていましたが、転職が多い業界だったので、次のステップをどうするかと模索していた時期でした。

いざ入塾してみると、課題図書が月3冊出ることもあり、読み切ることができず……。これを全部やろうとするのはストレスだと感じ、思い切ってできないことは諦めると割り切りました。課題図書も全部読み切ろうとせず、パラパラ見て頭の片隅にでも置いておけばいい、それだけでも何か意識に残るかもしれないとマインドチェンジをし、自分の働き方に合わせて勝間塾との関わり方を戦略的に変えていきました。

勝間塾に入って、どんな変化があった？

このままでいいのかというモヤモヤとしたキャリア不安が消えました。入塾半年後ぐらいに参加した「キャリアデベロップメント」という講座で、課題図書だったダニエル・ピンクの『フリーエージェント社会の到来 組織に雇われない新しい働き方』（ダイヤモンド社）という本に出合いました。そこで知った「雇われない生き方」という考え方がとても刺さったんです。

その回のゲスト講師がヘッドハンターの石元聖子さんで、常に成長できる環境に身を置くことについて話をされました。そこで語られた多様な働き方にとても興味を持ち、石元さんが開催するグループ相談会に参加しました。そこでは、自分の強みや弱みを整理していくことの重要性を知り、その後のキャリアを考える上で大変貴重な体験になりました。

翌年、勤めていた会社の早期退職制度に手を挙げようと踏み切れたのは、これらの体験があったからだと思っています。仕事内容や待遇に不満があったわけではないのですが、次のステップを考えるタイミングだと決断しました。それまではＢｔｏＢのビジネスが中心でしたが、将来的に個人向けサービスで独立したいとぼんやり考えていたこともあり、ＢｔｏＣビジネスができるアマゾンジャパンに転職しました。45歳で思い切って会社を辞め、希望通り転職できたことで自信にもつながり、年収は1・5～2倍程度にアップしました。

56歳で英国留学をしたのは？

ちょうどアマゾンジャパンに3年在籍した後、社内公募を利用して別会社となるアマゾンウェブサービス（ＡＷＳ）に異動しました。新たなポジションの採用をする際、外部だけでなく内部でも希望を募る制度があったので、自分のキャリア戦略に活用しました。そこで10年ぐらい働いた頃、新型コロナウイルス禍でハードワークが続き、ワークライフバランスを考え直す機会がありました。自分の働き方で「やり残したことはなかったかな」と考えるようになったんです。そして出た答えが「1度は海外に住んでみたい」というものでした。

外資系企業に勤めていたので海外出張の機会も多く、周りに海外留学をしている人も多かったですし、勝間塾内では海外移住をしている人たちの様子を何例も目にしました。そういった身近な例を見ていると、きちんと調べて計画すればなんとでもなる、と思えました。また勝間塾にいると、何歳になっても学び続けるということは、もはや自然なことになっていたので、年齢を障壁と捉えることもありませんでした。いつかは雇われるのをやめて、自分で起業しようという気持ちもどこかにあったと思います。

そこで54歳の時に会社を辞め、約1年の準備期間を経て、日本に夫を置いて単身で英国の大学院へ留学しました。実は私がアマゾンに転職した頃から、夫は体調を崩して定職に就くのをやめ、フリーランスになっていたんです。家事も大部分を夫がこなしてくれていたので、夫1人残していくことに問題はありませんでした。それまでも生活費は、ほぼ私が稼いでいましたが、600万円ほどかけて英国留学ができたのは、勝間塾でマネーリテラシーを身に付けて資産運用していたおかげでもあります。

特に、勝間さんが提唱するドルコスト平均法は、遠回りのようで確実ですし、値動きに一喜一憂することなく放っておくだけなので、私に向いていていました。アマゾンには従業員に対する株式報酬制度の1つであるRSUが導入されており、そこから付与される額が大きかったことも、家計に大きく貢献してくれました。

お金のことで躊躇《ちゅうちょ》せずに、自分のタイミングで留学できたのは、勝間塾に入って資産運用について学んだからだと思います。起業準備期間中の今、主な収入も金融資産の運用から得ているんです。

留学で何を学んだ？

これまでのキャリアとは関係ない分野ですが、以前から興味があった美術史を学びました。留学後は、またIT業界に転職してもいいし、学んだことで何かインスピレーションがあれば、IT業界でのキャリアと掛け合わせて起業してもいいなと考えたんです。

留学してみて気付いたのは、あまり役に立たないと思われがちな哲学や歴史を知ることがビジネスにもすごく必要だなということ。最近はやっている自己啓発系の書籍も、ベースは哲学がエッセンスになっていますよね。1年の留学期間で、たっぷり思考の訓練ができたように感じています。この期間に人生の棚卸しをして、気持ちは起業に向くようになりました。

勝間塾にいた前半期は、インプットすることが中心で受動的に参加していただけですが、そろそろ恩返ししたいという気持ちもあり、留学中に初めて自らイベントを立ち上げてみました。英国と欧州の美術館の巡り方をまとめたオンラインイベントです。

留学後はどんなことを？

今は勝間塾内で「Ｗｅｂ３（ウェブスリー）について学んでみよう」というイベントを主宰しています。これは、勝間塾で行われている「もくもく会」（もくもくと作業をする勉強会）のメンバーに背中を押されて始めたことで、私ともう１人の塾生で立ち上げたものです。２人ともエンジニアではないのですが、Ｗｅｂ３やブロックチェーンに興味があり、手探りで始めました。もっと分かりやすく説明するためにと、自ら学ぶいい機会にもなりますし、途中もう１人、Ｗｅｂ３により詳しい塾生が加わってくれたことで、より良いものになってきています。

今は３人体制で回しながら、月２回、インタラクティブに学べる場にしています。塾生であれば無料で受講でき、私たちもボランティアで行っています。参加している方に聞いてみると、Ｗｅｂ３やブロックチェーン、ＮＦＴ（非代替性トークン）に興味はあるけど、何から手を付けていいか分からないという方が多く、何かしら起業のネタになると手応えを感じています。

自分でイベントを立ち上げたのは、もくもく会にいた方から「そういうスキルは、みんな知りたいと思っているから、やってみたらいいよ」と声をかけてもらえたのがきっかけです。勝間塾には何かに戸惑っていたり、躊躇していたりするとき、ベテランの塾生が背中を押すような文化があり、本当に素晴らしいなと思っています。

勝間塾の「もくもく会」とは？

留学する前から参加していたイベントで、平日も土日も毎朝6時にオンラインで集まり、最初に10分程度で「今日はこれをやります」と宣言をして、そこから3時間は各自黙々と作業をし、最後にまた報告し合うという会です。私は毎朝、まずオンラインヨガをして、次に勝間さんからのサポートメールを読んだ後にゆっくりと仕事を始め、その後に、赤羽雄二さんの著書『ゼロ秒思考』で紹介されていたＡ４用紙１枚にメモを書いて心と頭の整理をするトレーニングをして、Ｗｅｂ３の勉強をするのがルーティンです。そのまま集中力が続くことが多いので、９時以降は起業準備に取り掛かります。

「もくもく会」は私にとってホームグラウンドのような場所で、帰国後には「おかえり」と迎えてもらえ、うれしかったですね。今は会社組織に属しているわけではないので、「もくもく会」が自分のペースづくりに役立っています。１人で仕事していても、時間を有効的に使えてありがたい存在です。

この「もくもく会」は、勝間塾内に限らずたくさんあります。参加者は自由にやりたい勉強や仕事をしていて、出勤前に資格の勉強や留学準備に使う人もいます。メンバーが頑張っている様子をみると、「私も頑張らなくては」と励みになるので、とてもありがたいです。

起業準備はどのようなことを？

今は、コンテンツビジネスを準備しています。Instagram（インスタグラム）で配信しつつ、ウェビナーを開催することから小さく始めてみようかなと。サービス内容をそろそろ固めないといけないなあ、と苦戦している最中です。内容はウエルビーイングをテーマに、留学先で学んだ美術史関連の知識を生かした事業展開をもくろんでいます。

Web3については、まだ事業にする段階まで進んでいないので、大学の社会人向けの講座で学んだり、DAO（分散型自立組織）で活動をしたりして新たな知識を習得しています。

Web3の講座は、東京大学で行われている無料の「ブロックチェーン公開講座」や比較的安価で受講できる千葉工業大学の「Web3概論」を受講中です。こんな講座を単発でしかも安価に受けられることに驚きましたが、これも勝間塾で一緒にイベントを立ち上げたメンバーから教えてもらった情報なんです。どちらもオンライン講座なので無理なくこなせます。特に千葉工大のWeb3概論では、仮想通貨を使ってコミュニティーの報酬制度を決めるなど、実践的なことを体感できてとても楽しいんです。いずれ社会に実装されるWeb3を、事前に練習できていると感じています。

Web3を学ぶ中で、DAOで活動も始めました。今は新潟県長岡市の旧山古志村（現・長岡市山古志地区）のデジタル村民として活動しています。これは旧山古志村がNFTを発行して実験的に行っている地方創生の活動ですが、私は主に、「山古志のデジタル村民が何をやっているのか」というリアルをお伝えするニュースレターの海外版翻訳をお手伝いしています。

デジタル村民の活動をするとWeb3やNFTについての新たな情報が得られますし、その分野の第一線で活躍する方や地方創生のエキスパートの方の生きた知識が聞けるのがとても楽しいですね。DAOにまつわる法律はまだ整備されていないのですが、それを専門に取り組んでいる方などの新しい動きを身近に感じられるのでとても刺激的です。DAOコミュニティーでの働き方など、もっと模索していきたいなと思っています。

一言でいうと、勝間塾とはどういう場？

「トライするハードルが下がる場所」ですね。何かに挑戦しようと思ったときに、攻撃してくる人はいないですし、ドリームキラーのいない安全な場所です。失敗したくないなと思うような思考の壁がなくなり、むしろその失敗を失敗と思わず経験と思えるようになるのです。やってみると新たな視界が開けるのが実感できて、また次に進める、そんな場所です。

10年以上在籍していますが、前半は仕事が忙しかったこともあり、自分のキャリアアップのための学びの場でした。トライする場としての魅力に気付けたのは、留学後のことです。これまでは受け取るだけでしたが、留学をして環境や考え方も変わり、時間的な余裕もできたことでお返ししたい、と。いろいろやってみるための基盤が自分の中にできて、「失敗しても大丈夫」と思えるようになったのも大きいと思っています。完璧じゃなくても走り出すほうが、早くたどりつくと気が付きました。

ルッコラさんが実践した「なりたい自分」になる方法

- 学び続けて思考を訓練する
- 会社員のうちに「雇われない生き方」を模索する
- 挑戦するための資金を蓄える
- 人に教えて専門分野をブラッシュアップする
- コミュニティーで活動しながら先端を学ぶ

おわりに

新たな一歩を踏み出せる人と踏み出せない人、その違いは

行動経済学などで示されている通り、私たちには常に現状維持バイアスという、変化を避けて現状維持を望む心理作用が働いています。変化したほうがリターンは増えるかもしれないのに、変化を「安定の損失」というリスクと捉えて、現在の状況に固執しやすくなるのです。

それでも、自分を変える新たな一歩を踏み出せる人がいますよね。踏み出せない人との違いは明確で、単に経験、慣れだけなのです。過去に一歩踏み出した経験があって、しかもいい結果につながったことがあれば、誰でも一歩を踏み出しやすくなります。逆に、よくない結果に終わった記憶が残っていて、かつ、周囲にも踏み出さない人が多ければ、足は前に出にくくなります。だから、身近に一歩踏み出す人がいるかいないかの違いはかなり大きいと思います。踏み出す人に囲まれていたら、自然と感化されて動くきっかけをつかみやすくなりますからね。本書の最後に紹介した勝間塾生の2人も、まさに踏み出した人たちの言動に感化されて、経験を積み、自分から動くことに慣れていきました。

自分の周りに踏み出した人がいなくても、日常からきっかけをつかむことはできます。例えば、

転職を考えているとき偶然3つ以上の転職に関する記事を読んだり、起業を考えているときにたまたま3人以上の起業家の話を聞いたり、同じことが3回以上続いたら、それはサインだと捉えるといいでしょう。自分の心に響くことが3つ以上積み重なったとき、自分もそうなりたい、やってみたい、やれということかもしれない、と気持ちが育っていきます。2つでは偶然として片付けがちですが、5つも6つも続くのを待つのは機会損失です。だからやっぱり3回がカギ。気になっていることが3つ続いたらやる、と心に決めちゃうといいかもしれません。

あるいは、学びたいこと、体験したいことが数時間や数千円でかなうなら「とりあえず全部やる」と決めましょう。数日以上、数万円以上かかるのであれば、ちゃんと考えたほうがいいですが、数時間や数千円でできることなら即座に全部やる、と。結局、リスクをどの程度まで取れるかっていう話で、自分の許容範囲内のリスクであれば全部取っちゃえ、というわけです。

言い換えると、リスクを計算しよう、ということになります。私たちがリスクを取れない原因は、リスクがもたらす損失の最大値を計算できていないせいです。多くの人が宝くじのリスクを許容できるのは、すべてハズレて損失が最大になっても、300円や3000円で済む、と簡単に判断できるからです。

言うまでもなく、人をだましたり不幸にしたりするリスクは取らないし、ヤケを起こして無謀なリスクを取らないことも大原則です。それを守った上で、自分の時間とお金をやりたいことに使うのは、未来の自分への投資になります。自分にコツコツと投資した先に待っているのは、「キャッシュリッチ&時間リッチ」な世界です。これは、ただお金持ちになるということではなく、チャレンジできる資金の余裕を持ち、自由に使える時間を持つことです。

今の自分は、過去生きてきた中でベストの自分

誰でも、自分より稼ぎのいい人や能力が高い人に対して、劣等感を抱いたり、逆に虚勢を張って相手を不当に低く評価したりすることがあると思います。

しかし、今現在の自分というのは、まぎれもなく「過去生きてきた中でベストの自分」です。より良くなるために努力を重ね、いろんな失敗と改善を繰り返しながら、今の自分が成り立っているはずです。ならば、私たちはもっと、今の自分に満足していい！ もし何かでうまくいかないことがあっても、大筋ではうまくいってるのだから大丈夫、とおおらかに構えて、あるがままの自分を受け入れればいいのです。

どんなに完璧になろうと思っても、人間は失敗や過ちを犯す生き物で、完璧にはなり得ません。にもかかわらず、完璧さを求めるから苦しくなって、自分を否定したり、自己肯定感を下げたりしてしまうわけです。完璧さを求めるあまり身動きが取れなくなって、新たな一歩を踏み出せない人もいると思います。本書に登場した相談者さんの多くも、「完璧さ」や「あるべき姿」にとら

われて、自信を失っているだけのように見えました。どんな壁でも、必ず越える道はあるし、試してみてダメなら別の道に進めばいいのです。

かくいう私も20代、いや、30代までは全くおおらかな人間ではありませんでした。細かいことにこだわって怒りっぽく、いつも時間に追われて余裕がありませんでした。そんな自分を変えたいと思ってアンガーマネジメントやポジティブ心理学、幸福学、セレンディピティ、効率化や時短術など、さまざまな思考法や学問について学んだ結果、徐々におおらかさを身に付けていくことができました。生まれつきおおらかな性格の人とそうでない人がいるのは確かですが、考え方を変えて環境を整えることで、誰でも自分をコントロールできるようになるのです。

今気付いたことですが、そんなふうに私が自分を変えるための行動を起こしたのも、ちょうど40歳になる頃でした。やはり、40歳というのは多くの人が転機と出合う時期なのかもしれませんね。もっとも、今の今まで自分にも40歳の壁があったことを忘れていましたが（笑）。喉元過ぎれば熱さ忘れる、ということでしょうか。きっと、今壁を感じている方も、数年後には、そんな時期もあったなぁ、と笑って話していると思います。

勝間和代

この本で紹介した書籍

p.42 『マネジャーの最も大切な仕事 95%の人が見過ごす「小さな進捗」の力』（テレサ・アマビール、スティーブン・クレイマー著、中竹竜二監訳、樋口武志訳／英治出版）

p.49 『ソシオパスの告白』（M・E・トーマス著、高橋祥友訳／金剛出版）

p.56 『私たちはどうつながっているのか ネットワークの科学を応用する』（増田直紀著／中公新書）

p.63 『働き方の男女不平等 理論と実証分析』（山口一男著／日本経済新聞出版）

p.70 『LISTEN 知性豊かで創造力がある人になれる』（ケイト・マーフィ著、篠田真貴子監訳、松丸さとみ訳／日経BP）

p.77 『Dark Horse「好きなことだけで生きる人」が成功する時代』（トッド・ローズ、オギ・オーガス著、大浦千鶴子訳、伊藤羊一解説／三笠書房）

p.86 『Think right 誤った先入観を捨て、よりよい選択をするための思考法』（ロルフ・ドベリ著、中村智子訳／サンマーク出版）

p.93 『さあ才能（じぶん）に目覚めよう 最新版ストレングス・ファインダー2・0』（ジム・クリフトン、ギャラップ著、古屋博子訳、日本経済新聞出版）

p.99 『いつも「時間がない」あなたに 欠乏の行動経済学』（センディル・ムッライナタン、エルダー・シャフィール著、大田直子訳／早川書房）

p.106 『仕事は楽しいかね？』（デイル・ドーテン著、野津智子訳／きこ書房）

p.113 『なぜ人と組織は変われないのか ハーバード流自己変革の理論と実践』（ロバート・キーガン、リサ・ラスコウ・レイヒー著、池村千秋訳／英治出版）

p.120 『ブラック企業　日本を食いつぶす妖怪』（今野晴貴著／文芸春秋）

p.127 『QUITTING　やめる力　最良の人生戦略』（ジュリア・ケラー著、児島修訳／日本経済新聞出版）

p.136 『NATURE FIX 自然が最高の脳をつくる 最新科学でわかった創造性と幸福感の高め方』（フローレンス・ウィリアムズ著、栗木さつき・森嶋マリ訳／NHK出版）

p.143 『嫌われる勇気　自己啓発の源流「アドラー」の教え』（岸見一郎、古賀史健著／ダイヤモンド社）

p.150 『「やめ主婦」はじめました！』（大野清美著／言視舎）

p.157 『フリーエージェント社会の到来　新装版　組織に雇われない新しい働き方』（ダニエル・ピンク著、玄田有史序文、池村千秋訳／ダイヤモンド社）

p.167 『死ぬまで、働く。』（池田きぬ著／すばる舎）

p.175 『DIE WITH ZERO　人生が豊かになりすぎる究極のルール』（ビル・パーキンス著、児島修訳／ダイヤモンド社）

p.181 『お金は銀行に預けるな　金融リテラシーの基本と実践』（勝間和代著／光文社新書）

p.188 『寿命が尽きる2年前』（久坂部羊著／幻冬舎）

p.195 『脳の外で考える　最新科学でわかった思考力を研ぎ澄ます技法』（アニー・マーフィー・ポール著、松丸さとみ訳／ダイヤモンド社）

p.202 『長寿脳　120歳まで健康に生きる方法』（白澤卓二著／ダイヤモンド社）

p.209 『最高の体調』（鈴木祐著／クロスメディア・パブリッシング）

勝間和代　かつま・かずよ
経済評論家、株式会社監査と分析 取締役

1968年東京生まれ。早稲田大学ファイナンスMBA、慶応義塾大学商学部卒業。当時最年少の19歳で会計士補の資格を取得、大学在学中から監査法人に勤務。アーサー・アンダーセン、マッキンゼー、JPモルガンを経て独立。少子化問題、若者の雇用問題、ワークライフバランス、ITを活用した個人の生産性向上、など幅広い分野で発言を行っており、ネットリテラシーの高い若年層を中心に高い支持を受けている。X（旧Twitter）のフォロワー73万人、YouTubeチャンネル登録者数 24万7000人、FBページ登録者数5万2000人、無料メルマガ4万7000部、有料メルマガ4000部などネット上で多くの支持者を獲得した。5年後になりたい自分になるための教育プログラムを勝間塾にて展開中。著作多数、著作累計発行部数は500万部を超える。

40歳からの「仕事の壁」を越える勝間式思考

5年後、望む仕事で稼ぎ続ける自分になる戦略

2024年6月17日 第1版第1刷発行

著　者	勝間和代
発行者	佐藤珠希
発　行	株式会社日経BP
発　売	株式会社日経BPマーケティング 〒105-8308 東京都港区虎ノ門4-3-12
装丁デザイン	小口翔平＋嵩あかり（tobufune）
本文デザイン・制作	中道藍＋吉岡花恵（ESTEM）
編集協力	茅島奈緒深、磯部麻衣
編集	竹下順子、大屋奈緒子
印刷・製本	図書印刷株式会社

ISBN　978-4-296-20529-5